洪炎秋著

教育老兵談教育

三民書局印行

© 教育老兵談教育

著作人　洪炎秋
發行人　劉振強
著作財產權人　三民書局股份有限公司
　　　臺北市復興北路三八六號
發行所　三民書局股份有限公司
　　　地　址／臺北市復興北路三八六號
　　　郵　撥／〇〇〇九九九八—五號
印刷所　三民書局股份有限公司
門市部　復北店／臺北市復興北路三八六號
　　　重南店／臺北市重慶南路一段六十一號
初　版　中華民國五十七年六月
四　版　中華民國八十三年十一月
編　號　S 52039①
基本定價　貳元貳角貳分
行政院新聞局登記證局版臺業字第〇二〇〇號

ISBN 957-14-1266-X （精裝）

三民文庫編[illegible]言

書是知識的滙集，知識是[illegible]的，因而書是人人必讀的；我們出版界的責任，就是要提供好書，供應廣大[illegible]。不但在內容上要提高書的水準，同時在價格上也要適合一般的購買力，不[illegible]觀求其精美，當然更是印刷進步的今日應該做得到的。

知識是多方面的，社會科學[illegible]自然科學的知識，文學、藝術、哲學，歷史的知識，莫不為人所必需，推而至於[illegible]人物的記載，個人經歷的回憶，也都包括在知識的範圍以內；這樣廣博知識[illegible]，就是我們所要出版的三民文庫陸續提供的讀物。

在歐美日本等國，這種文庫形式的出版物，有悠久的歷史及豐富的收穫，人人愛讀，家家傳誦，極為我們所欣羡。近年來我國的出版界，在這方面亦已有良好的開始；我們願意站在共求文化進步的立場並肩努力，貢獻我們微薄的力量，參加栽種的行列。我們希望得到作家的支持，讀者的愛護，同業的協作。

中華民國五十五年雙十節

三民書局編輯委員會謹識

序

我生於民前十年，生理年齡，已臻望七；民國十四年升入北京大學本科教育學系，十八年畢業；本科在學中，就曾經在大中、大同、省立十七各中學教過書，職業年齡，也逾四十，謂爲「教育老兵」，既不誇張，更非謙抑，當當眞眞名稱其實，古人說：「久病成良醫」，「老馬能識途」，一個人坐冷板凳，當了四十多年的猢猻王，直到古稀，仍是老蠶作繭，終日營營，自然對於所謂「教育」也者，是會發生出一些意見的，於是乎誠於中，形於外，幾年之間，就產生出這幾篇文章來了。

我寫文章，一直遵奉着我師胡適之先生的遺訓：㈠要有話說，方纔說話。㈡有甚麼話，說甚麼話；話怎麼說，就怎麼說。㈢要說自己的話，不說別人的話。㈣是甚麼時代的人，說甚麼時代的話。同時，我的師兄傅斯年校長的治學態度，也是我應用來做為寫作文章的圭臬，那就是：有三分意見，寫三分文章；七分意見，寫七分文章；沒有意見，就連一個字也不寫。我的雜覽雖不算少，却是個學無專長的人，因此一生未曾寫過學術論文，就連本集所收的第一篇文章「日本帝國主義下的臺灣教育」，雖是應付學校的所謂「畢業論文」，其實只是一篇「報道」，不但沒有「學術」味道，連「論文」資格都够不上。不過這個雜文集的所以結成，却是從這篇「畢業論文」勾引出來的，要知究竟，請看官們捺下性子，來聽我細說端詳。

四十年前我在北大敎育系快要畢業，學校當局要求學生，每人必須繳交一篇畢業論文，我就特地跑回臺灣，費盡苦心，搜集了一些可以入手的資料，帶回北平，加以安排穿挿，就草成了這篇「論文」，導師李建勛敎授，說它有史料價值，叫我找個刋物發表一下，我就投給敎育雜誌社去刋登，沒有料到竟被原件退回，後來蔣夢麟校長知道了，叫我把不太重要的東西儘量刪節掉，交他代投，我就刪去三分之一左右，請他處理，果然合格，不等刋登，就先給我稿費一百二十圓大洋。這在當時算是相當高的價錢，我一高興就拿它來印成小册子一千册，分贈友朋。日本佔領北平，老妻怕我因它惹出麻煩，就把剩書全部燒光，一册也沒有留下。事過境遷，光陰一晃，就是四十個年頭，這篇「論文」登在哪一年，哪一期的敎育雜誌，完全記不起來，雖然有些在日、在美要用臺灣做題目去騙取學位的留學生，知道了我寫過這樣一篇「論文」，寫信來要，我沒有法子應命；於是乎就有朋友告訴過我，說他曾經在某圖書館的舊雜誌中看見過它，可以抄錄，我也懶得去問。

上月間，有一位青年文壇怪傑寫了一封信給林海音女士，說他因爲不肯出賣靈魂，只好出賣資料來維持「生活」。他收有我那篇「論文」，共十八頁，每頁一百元，全篇要賣一千八百元，叫她問問我要不要。我是小竹槓則受，大竹槓則逃的，我就告訴林女士，這並非「海內孤本」，而且屬於「明日黃花」，全不値錢，於是乎本着我們祖先「泉州客，對半殺」（殺者，殺價之謂也）的買賣原則，還他九百元，賣不賣由他。沒有想到他回信說，舞女、茶孃，還不能够討價還價，怎麼可以這樣對待文士？非照原來開的價錢不賣。我一賭氣，就跑到某圖書館去找尋，果然在舊雜誌中，被我找到了，於是乎把它抽出，請館中代爲影印，通共花了工本費一百零八元，省却一千六百九十二元。不過一千六百九十二元雖然省掉，而一百零八元的血汗錢，却是不能不設法去把它找補回來的，怎麼樣設法呢？想來想去，想起那位富有文化氣味的三民書局的劉振强老闆來了。

劉老闆創刊「三民文庫」的時候，曾經前來拉稿，因爲我看他做人豪爽，雖然沒有稿子可交，却和他建立了很好的友誼，也曾經領受過他的人情債，所以這次想要找回補償，就立刻想起這位老弟臺來了。不過這樣的一本二十來頁的稿子，無論怎樣將就，也是不能成書的。因此就把以往所寫的有關教育問題和國語運動的文章，搜集起來，湊成這本二百多頁的集子。投身學校教育和國語運動這兩件事情，都是我一生殫精竭力所從事的事業，因此集裏的文章，雖然寫得不好，內容也嫌粗淺，却全是針對事實而發，自然是「言之有物」的；同時，「修辭立其誠」這句金言，是我一向奉爲寫作的南針，古聖說：「至誠可以感神」，不過能否「感人」？我却想要拿這一本小書，來做試金石，考驗一下。

古代生活簡單，把職業分成三十六行，後來又擴大爲七十二行；現在社會繁雜，如果要把職業細分起來，不但三百六十行包括不了，恐怕連七百二十行，也還不能完全把它們網羅起來。在這數以百計的職業當中，有「熱門」，有「冷門」，選擇熱門的職業，容易使你飛黃騰達、青雲直上，黃金屋、顏如玉都是唾手可得的；反之，如果選擇的是冷門的職業，那麼，命運之神就要注定你坎坷終身，潦倒一輩子了。俗語說：「女怕嫁錯郎，男怕入錯行」，實在大有道理，不可漠視。這麼一說，一定會有人要問我：『七百二十行中，雖然行行都可以出狀元，教育這一行，自然不會例外，但是狀元不過是千萬人中的一個而已，其他千千萬萬從事教育的人們，過的總是餓不死，吃不飽的生活。你老兄爲什麼錯選了這一行？』我要回答他：『這並非由於我的錯選，乃是經過了長久愼重的考慮，出於誠心，而自投羅網的。』

我學外國語，是學了拼音、品詞的變化、和文章的構造以後，就抱着字典，找來古典名著，採用「讀書百遍，其義自見」的笨法，硬讀下去，自認這個方法，效果最好；學日文如此，學英文亦然。我自修英文，正遇上英國的羅素和美國的杜威兩位哲人，後先到中國來講學的時候，羅素的「哲學的改造」和杜威的「學校和社會」，都成了我當時研讀英文的課本，對我一生的思想，發生了很大的影響，尤其是杜威所說的：「要指導青年的活動，決定青年的未來，也就決定了社會的未來」這三句話，深深打入了我的心坎，使我相信我們儒家所講的修、齊、治、平，如不從「指導青年的活動」下工夫，絕對沒有法子達到目的。這三句話又使我聯想起幼時所讀的「聖賢書」中許多重視教育的遺訓來了。

我首先想到的，是論語中「子適衛，冉有僕。子曰：『庶矣哉！』冉有曰：『既庶矣，又何加焉？』曰：『富之！』『既富矣，又何加焉？』曰：『教之！』」這一節書；一個國家的人口，到了相當程度的時候，必須趕緊設法去振興產業，繁榮經濟，使國中個個都有飯吃，社會安寧，纔能夠維持得住，就像潛夫論所說：「禮義生于富足，盜賊起于貧窮」，也就是管仲所謂「倉廩實則知禮節，衣食足則知榮辱」的意思。不過在這反面，也會產生「飽暖思淫慾」的毛病出來，所以必須用教育來消除這個流弊；孟子大聲疾呼「逸居而無教，則近於禽獸」，古人「設爲庠序學校以教之」的目的，就在於防止這一着。我進入北大預科，就對於這個問題，悉心考慮，纔決定升入本科時，選修教育學，以教育做爲終身的職業，這完全出自董仲舒所謂「正其誼，不謀其利」的眞心，並非盲目衝動，而選錯了行，因此一生能够自甘淡泊，毫無怨尤。

我學了幾年的教育學，深深覺得教育學在社會科學中，和醫學在自然科學中，性質最爲相似。這兩者都不是一種獨立的純粹科學，而是綜合許多有關的科學而成功的一種應用的實學；前者的主要目的在於醫國，而後者則在於醫人。因爲教育學是用以矯正社會的、精神的病態；而醫學」是用以治療個人的，肉體的症候，園範雖有大小，功用則無二致。醫生除了深通基礎醫學以外，還必須依靠個人豐富的經驗，纔能够對症下藥；教員也是一樣，除了熟悉有關的心理學、遺傳學、社會學等等以外，也必須依靠自已多年的觀察和體會，纔能够因時制宜。我個人在教育圈子裏打了四十多年的滾，除了小學教育沒有經驗以外，曾經教過六個中學，十二所大專，在北平大學附屬高中當過二年半主任，臺中師範半年校長；大學行政，曾在北平大學校長辦公處辦過兩年事；在臺灣大學當過校長室秘書半年，代理圖書館長一年半；地方教育，則在河北省教育廳處理過半年多的「等因、奉此」；其於國語運動，則擔任過臺灣省國語推行會副主任委員八年，國語日報社長近二十年。因爲這樣，我感到有待解決的教育問題，非常的多。第一，由於我們雖「庶」而不「富」、「教」更缺乏；一切的問題，都是由此產生的。不過「富」不是朝夕可致，而「教」更不是一蹴可就，要辦理適應這個日進千里的時代的教育，需錢很多，而一切的經濟建設，却完全配合不上，「急驚風遇到慢郎中」，只好「自求多福」，因此我早就想出一套既省錢、又省事的「窮則變，變則通」的辦法來，那就是：「以自修代學校，以檢定造資歷」。這個辦法，我在四十年前的「獨立評論」上，就曾經跟胡適之先生討論過，一直嚷到今天這麼多年，可惜總是言者諄諄，聽者藐藐，好不叫人傷心！重彈這個舊調，是本集付刊的第一個目的，希望讀者特別留意。

須知自修是培養獨立自立的精神最好的基礎，胡林翼早就提倡過「天下事，總要求自立，要自強，要反求諸己」的精神，作事如此，求學更不能例外，朱熹說：「學貴自習，須心心念念在上」，自習比從師，自然苦得多，可是古人說得好：「吃得苦中苦，方爲人上人」，劉念臺曾經說：「學問中人，無不從苦處打出」，可見苦是不會白吃的。我師蔣夢麟校長也說：「眞正可靠的學問，都是從自修得來的。不養成自修的能力，決不能求學問。」九年義務教育完成以後，高中的入學競爭，必定會倍加劇烈，爲要緩和這個嚴重的局面，如果政府能夠制定法令，鼓勵自修，而施以檢定，給予資格，是有百利而無一害的，袞袞諸公何樂而不爲呢？

我出版本書的第二個主要的目的，是要讓大家知道推行國語教育的重要性，所以把許多有關臺灣的推行國語的情況和國語日報的成立的來龍去脈的文件，集攏起來，以供返回大陸以後，從事這個工作的人士做參考。我堅決相信，幾十年後的世界，一定會由一個人口衆多、國土廣大、資源豐富、民族單純、語言統一、而教育水準相當高的國家來支配。環顧四周，如果我們在提高教育和統一國語這兩方面多多去盡力，那麼，我們大大可以學那孟夫子的口吻，振臂大呼：「當今之世，捨我其誰哉」了！因爲前四個條件，是先天的，是人力所無可奈何的，而我們差不多已具備了；後兩個條件，則是後天的，是可以用人力來達成的；因此，我對於我們子孫的前途，是很樂觀的。不過古人有言：「前人種樹，後人蔭影」，我們如果不努力去種樹，則我們的子孫就不一定有影可蔭了。我這本小書，假使能够提高大家一點爲後人去種樹的興趣，那就可以算是「功不唐捐」了。

（五十七年六月）

教育老兵談教育　目錄

序
日本帝國主義下的臺灣教育……一
談談入學考試……四二
十年來的臺灣國語運動……四五
日本的大學通訊教育……五八
舉辦「中學學力檢定試驗」……八三
國語日報十五年……八七
也談惡性補習……九三
和臺大同學談畢業典禮……一〇七
作家的修養……一二二
告落第男生……一三一
努力第一……一三三

目錄

白頭教授念師恩……一三五
爲女界呼寃……一三七
不要製造「背書機器」……一三九
和「大學新聞」記者談一本書……一四一
高中的選組問題……一四八
設身處地爲孩子……一五四
爲聖裔的教育進一言……一六一
談科學發展……一六八
不惡補也行……一七四
閑話語言……一八二
閑話文字……一九一
閑話國語……二〇一
與胡秋原先生信……二〇九
再與胡秋原先生信……二二三
我和國語日報……二二九

日本帝國主義下的臺灣教育

一、引　言

帝國主義者用以宰割殖民地被征服者的方法很多，但其最重要的手段，不外三種：（一）壟斷經濟的利益，（二）把持政治的權柄，（三）操縱教育的機會。這三者是具有連環性的。日本在臺灣所施行的殖民政策，手段凶辣，眞可謂集天下之大觀。著者對於政治、經濟，素乏研究，這一方面繁雜的工作，只好俟諸專家。現僅將比較簡單的臺灣教育的現況，根據有限的材料，大略敍述；倘讀者得借此舉一反三，並能成爲拋磚引玉的資料，則著者一番搜羅整理的工夫，也就不算白費了。臺灣離開中國，迄今已達三十六年，中國人士對於它的事情，很少留意，所以在敍述臺灣教育以前，須先把臺灣一般的現狀，略說一說，俾可襯雲托月，得以格外明瞭。

二、臺灣現狀概觀

臺灣處在福建東邊，輪船交通，十小時可到。全島面積約八萬四千方里。原有的住民，就是現時所謂生蕃。明朝雖曾經經略此地，但成績不好，遂成爲海賊和倭寇的根據地。西歷一六〇三年，荷蘭人攻入澎湖島，慢慢地也就把臺灣據爲己有，爲遠東貿易的大本營。一六二四年，鄭成功退至臺灣，逐漸將荷蘭人驅走，遂成爲中國人的殖民地。一六八三年，淸廷擊敗鄭氏，乃正式收爲中國領土。一八九五年，因中日戰爭的結果，淸廷遂將臺灣讓於日本，於是我先人二百七十年間篳路藍褸以開闢的大好河山，就從此斷送給外人了。

臺灣的人口，在割讓時，沒有的確的統計，不得其詳，大約總有二百數十萬人，這裏頭除却六七萬人的生蕃和一百多人的外國人以外，盡是漢民族。這些漢民族因爲事業田產盡在臺灣，所以除却極少數的人搬回中國以外，都仍舊留在此地。日本占領後第十年以及最近年度所調查的全島人口的總數目，和各種族的分配狀況，玆根據臺灣總督府統計書，摘錄編製如左記一表，使大家知道臺灣這一個蕞爾棄地，還有四百餘萬的同胞在那裏和惡勢力奮鬪，以圖苟延殘喘。

人數 種族	一八九五年度人數	百分比	一九二一年度人數	百分比	一九二七年度人數	百分比
臺灣人	二、九八九、〇一八	九五·三八	三、五四八、〇五三	九二·五〇	四、〇〇九、二一七	九二·四四
日本人	五九、六一八	一·九一	一七四、六八二	四·五五	二〇二、九九〇	四·六八
生蕃人	七六、四三三	二·四四	八四、三九二	二·二一	八六、八四〇	二·〇〇
中國人外國人	八、二三三	〇·七四	二八、四八二	〇·七四	三七、九五三	〇·八八
合計	三、一三三、三〇二	一〇〇	三、八三五、八一一	一〇〇	四、三三七、〇〇〇	一〇〇

右表中所載的臺灣人，係指歸入日本國籍的當地的中國人；（以後凡稱臺灣人者，都照此解釋。）所載的外國人，除却一二百人的西洋人以外，全是中國籍的中國人，所以臺灣島中的漢民族的總數，其百分比雖有逐漸減少的趨勢，但還是占全人口的百分之九十三四，日本人不過占百分之四五而已。

臺灣所有中國人的數目，在數字上雖遠非日本人所可望其項背，但兩者的地位以及權利等等的分配，則不僅與其人數成爲反比例，而且有天淵之別。臺灣各方面的事業，無不操縱在這少數日本人的掌握中，占大多數的臺灣人，反處在被支配被壓迫的地位。

我們試拿臺灣資本金五十萬以上的銀行公司加以計算，就可以知道日本人勢力之一斑。這些銀行公司中，以日本人爲代表的，共有九十三家，資本金計爲四萬八千多萬；以臺灣人爲代表的，共有五十七家，資本金合計還不到七千八百萬。這只是光指在臺灣創設的銀行公司而言，此外還有好多日本的大銀行、大公司在臺灣分設支店，所投資本也極可驚，其勢力之大更爲可怕；因爲他們都是三井三菱諸大政商的分舖，有政黨作背景，其勢力且可左右臺灣總督。至於以臺灣人爲代表的銀行公司，實權仍多操在日本人之手。臺灣人只是出資者，掛上一個安樂公的頭銜而已，實際的經營權，仍大都操諸日本人。拿華南銀行做個例吧，這銀行係臺灣人出錢設立的，臺灣人的勢力很大，但其中的行員，臺灣人不過占百分之六而已！其他所謂以臺灣人爲代表的銀行公司的狀況，也就可以不問而知了。

臺灣的日本人，事事能占優勢，莫非是憑藉戰勝的餘威，利用特別的法律，使臺灣人不得不俯首貼耳，任其宰割。明治二十九年（一八九六年）日本政府以法律第六十三號規定「臺灣總督得發布有法律效力之命令。」這法律一公布，臺灣總督遂得集立法、司法、行政三大權於一身，權比古代專制君主，可以暢所欲爲，而臺灣一般的日本人，遂得借此而肆無忌憚了。臺灣的經濟勢力之所以爲日本人所壟斷者，也由於這法律的保障。他們於明治四十五年以總督府令規定「本島人淸國人或本島人淸國人間單獨所設之團體，其商號不得使用會社（卽公司之日本名詞）之文字。」這就是禁止當地的漢民族組織公司，就是要使日本人單獨霸占經濟上的勢力。這府令雖於大正十二年（一九二三年）廢止，但日本人經濟勢力獨占的局面早已形成了。

臺灣的政界也爲日本人所獨占。臺灣總督府以下，一官房（等於中國的秘書處，）五局，五州，三廳，四十五郡，九支廳所有的長官，不用說，是淸一色的日本人。這些機關中，將近二百七十個奏任官（等於中國的薦任官）的地位，除却三州的權力最微的勸業課長（等於中國的縣科長）用三個臺灣人點綴外，其餘全是日本人。此外法院、專賣局、交通局、稅關，以及其他諸官立的機關，如圖書館、研究所、醫院……等等，也沒有一個不爲日本人所包辦。這種現象，絕不是由於臺灣人沒有人才所致的。臺灣人在日本各地專門以上學校的畢業生，每年出有百餘人，其他在歐美和中國留學回來的，也有數十人，得有日本及美國的博士學位的，數目也不在少。但臺灣總督府所任用的行政官吏。高等官二三百名中，臺灣人只有五等以下者三名；判任官（委任官）一千七百多名中，臺灣人有給者只有三十餘名，他們用意所在，眞所謂「司馬昭之心，路人皆知！」

日本在臺灣所施的政治，由用人一端來看，卽可推知一切。他們憑藉六三號法律，得以施行專制的暴政。於是頒布極酷虐的匪徒刑罰令、浮浪者取締規則、保甲條例，以及臺灣保安規則…

……等惡法，以爲保障日本人既得權利的手段。這些法令的內容，擇譯幾條如左，閱者可以借此知道他所發布諸法令的梗概了。

匪徒刑罰令

第一條：不問其爲何等之目的，冀以暴行或脅迫以達其目的而結合羣衆者，爲匪徒罪，依左記區別處斷：一、首魁及敎唆者處死刑。二、參與謀議或爲指揮者，處死刑。三、附和隨從或服雜役者處有期徒刑或重懲役。

臺灣浮浪者取締規則

第一條：知事或廳長對於無一定之居住或生業之本島人，認爲有害公安或紊風俗之虞者，得戒告其定住或就業。

第二條：知事或廳長對於受戒告而不改其行狀者，經臺灣總督認可，得命令其定住或就業，加以必要之拘束，送致之於定住地或强制就業地。强制就業由執行地之知事或廳長執行之。（註：臺灣總督府在蠻烟瘴雨人跡不到的孤島火燒島中，設立浮浪者收容所，右記的「定住地或强制執行地，」就是指這個地方。）

保甲條例

第二條：使保及甲的人民，各有連座之責任，得處罰其連座者以罰金或科料。

臺灣保安規則

第一條：在住本島之內地人（日本人）或外國人，認爲該當下記事項之一者，地方長官得爲豫戒命令。一、平常而事粗暴之言論者，或對他人之身上或行爲而誹譏讒謗者。二、……三、不論其以何等口實，對他人爲涉及脅迫之言論行爲者，或干涉他人之行爲業務而妨害其自由者。四、造作無根之流言，依口頭或文書圖畫流布之於世間者。五、敎唆他人使爲第一號乃至第四號之言論行爲者。

第四條：地方長官對於在住本島之內地人或外國人之該當下記事項之一者，得禁止其一年以上三年以下之本島在住。一、欲妨害治安或壞亂風俗者。二、二回以上繼續受豫戒命令尙不改其行爲者。

第五條：被禁止在住者須於十五日以內退去本島外。

第十一條：退去期限者或猶豫期限內不退去者，或違犯禁止期限者，處以一月以上一年以下之重禁錮。受前項之處刑者出獄後十五日以內須退去本島外，違犯者准用前項。

日本人既已占據了各方面的要津，又有了好多類似這一類的紙上的武器，自然可以沒有一事不能做，而使臺灣人弄到一事也不能做了。居住臺灣二十多萬的日本人中，爲官吏的有五萬七千餘人，大部分充當警察，其警察權之大，爲世界所罕見。試拿臺灣違警例一看，便可窺其一斑。

內容之酷，可不必談，單就條文的數目來講，也就够使人害怕。日本內地的警察犯處罰令，僅僅五十八項；朝鮮的警察處罰規則，也不過八十七項而已；而臺灣的違警例，竟達一百二十二項！接近民衆的警察有這樣的大權，何怪乎民不聊生？

日本官僚和資本家，既憑了特別立法的權力，於是互相勾結起來，無惡不作。例如數年前臺灣總督府受了大資本家三菱的運動，竟將跨亙臺中、臺南兩州五千餘戶數十代所營造而未正式稟官的山地竹林一萬四千餘甲給與三菱，致數萬人所據以生活的產業，橫被强奪。六年前又强奪臺灣農民所已墾成而未稟官的良田四千七百餘甲，給與日本人的退官者。其他如日本人所設的各製糖公司，依靠官力，强買土地；或指定區域，强迫農民種蔗，而由公司自定價目收買……諸如此類，不遑枚擧。據五年前的統計，臺灣各製糖公司所有的土地已占有十萬三千八百三十八甲，超過全臺灣耕地總面積八分之一，其得以發達到這個地步者，無非是利用官力，向農民剝奪得來的。

臺灣民人的納稅額，不論男女老幼，平均每人每年負擔二十二圓七角餘的日金，合中國大洋約四十六圓。臺灣總督府前年度的預算，共爲一萬二千六百十二萬五千八百八十一圓的日金。此外各州廳各街莊的地方費，各有豫算，數額也不在少。此外還有四千餘萬元日金的沙糖消費稅，已移歸日本中央政府，也是臺灣人額外的損失。

日本官吏在政治上對臺灣人的壓迫，日本資本家在經濟上對臺灣人的搾取，我們可以略窺一二了；日本教育家在精神上對臺灣人所施的奸計，也就可以不言而喻，是和這一班人一鼻孔出氣的。謂予不信，請聽下回分解。

三、三十六年來的臺灣教育

臺灣在改隸以前，前清政府所立的教育機關，計有臺南府、臺灣府（卽臺中）和臺北府三府各設府孺學一所；其下十一縣，各設縣儒學一所，外各加設書院，以考成學生，如是而已，到了割讓給日本，三十六年來，教育施設蒸蒸日上。據一九二九年四月所調查，現在所有的教育機關，計有大學一，高等學校一，專門學校三，師範學校四，中學校十，高等女學校（女子中學校）十二，實業學校三十六，小學校一百三十三，公學校七百五十四，蕃童教育所一百六十九。在外表上看來，可謂「猗歟盛哉；」然而考其實際，則臺灣人所得沐其恩澤者，只是奴隸的教育而已，敷衍的教育而已，搾取的教育而已。何以見得？只拿教育所收穫的效果計算計算，就可得到一個鐵證：臺灣人處在清朝極寡陋的教育機關之下，所出的人才，文官則有知縣、知府、道臺、以至侍郎；武將則有副將、總兵、提督、以至太子太保加授伯爵，前後數百人。然而處在日本政府號稱極完備的教育制度之下，所出的人物，計有多少？聽我細細算來：一二三，計有三位奏任的州課長；一二，還有兩位奏任的教書匠，再加上一位偵探出身現已革職的奏任的翻譯官，如斯而已矣！如斯而已矣！

臺灣總督府對於臺灣人所施的教育，是以日本語爲手段，且以日本語作主要的內容，其他學科極不注重。他們所要的是奴隸，奴隸不能太愚，也不可太智；太愚則驅使不靈，太智則操縱不易。所以他們對於臺灣人所施的教育政策，就是以造成不智不愚，似智又愚的人，做爲方針。他們在領臺的次年（一八九六年，）即設立國語傳習所（國語指日本語下同，）和國語學校，授臺灣人以日語，兼養成日語教師，爲製造爲虎作倀的人才的先聲。一八九八年，改國語傳習所爲公學校，爲臺灣人初等教育的機關；分國語學校爲師範、國語、實業三部，爲臺灣人中等教育的機關，程度遠劣於日本的中等學校，日本人子弟的教育機關，則別成系統，依照日本內地的制度；由這年起，小學、中學和高等女學校次第成立。一八九九年設立中等程度的醫學校，以養成臺灣人的醫師。一九一五年臺灣人深覺教育機關的不備，共謀自設私立中學校，運動猛烈，集資達十餘萬元，可是臺灣總督府堅持不許，後乃想出敷衍的辦法，集其所捐款項，爲設一公立臺中中學校，掛羊頭賣狗肉，名爲中學，其實仍一變態的國語學校，修業年限定爲四年（日本學制中學須五年），其畢業生不但沒有中學畢業生的學力，且沒有中學畢業生所應有的升學資格。一九一九年廢止國語學校，設立兩個師範學校於臺北和臺南，改公立臺中中學校爲公立臺中高等普通學校，另立女子高等普通學校於臺北，修業年限均比日本人的中學校和高等女學校短少一年，以褫奪其升學資格。是年始立實業學校，日本人和臺灣人系統各別。醫學校改稱醫學專門學校，將一年的豫科延長爲四年，兼收高等普通學校的畢業生；又新立農業和商業兩專門學校，以收容臺灣人的子弟。對於日本學生，則在醫學專門學校內另立一醫學專門部，更另外設立一高等商業學校，均依照日本本國的學制設立，不似爲臺灣學生設立的專門學校之有名無實。

在這二十五年間學制數變之中，臺灣人所受的教育，雖極粗淺，雖極敷衍，但還有獨立的教育機關，還有少數的份子可以按部就班地去升學；可是到了一九二二年一視同仁的新敎育令一頒布，那就糟糕透了。

這新敎育令主要之點，在廢除一切差別的敎育系統，不管是臺灣人、日本人、或生蕃人，都是處在同一敎育系統之下受敎育。初等敎育分爲公學校和小學校；以日語爲常用語者入小學校，否則入公學校。（換句話說：就是臺灣人入公學校，日本人入小學校。）中學以上，則廢除種族的差別，完全施行共學制。這個制度在日本人高唱爲一視同仁的聖恩，在臺灣人則確認爲刼奪敎育機會的虐政。因爲公學校修業六年的學生，大部分的時間，都費在學習日語；小學學生則一入校門，便可以自由自在研究學課，兩者學力相差之遠，不問可知。而中等學校的入學試驗，是以小學校畢業程度爲標準，考試用語爲日文。在這種狀態之下，臺灣學生和日本學生競爭，萬無操勝之理。中學既不能入，則專門以上的學校，要從那裏入起？所以這個一視同仁的共學制度，實是教育上搾取政策露骨的表現。自從這制度一施，臺灣人所得專享的不完全的教育機關，全被廢滅；而依照新令所成立的中等和專門諸學校，幾幾乎全部讓給日本人去獨占了。自是而後，學校日多，臺灣人的負擔日重，而受教育的機會日少了。茲為證明起見，再將臺灣各級教育的狀況，略為分述如左。

四、初等教育

臺灣總督府在臺灣所施設的初等教育事業，開始於一八九六年，名為國語傳習所，目的在教授臺灣人以日語，兼養成日本帝國忠良奴隸的精神。分為甲乙兩科：甲科收容十五歲至三十歲的學生，專授日語，期限六個月；乙科收容八歲至十五歲的學生，日語以外，兼授讀書、作文、習字及算術，年限四年。初設十四所，漸增加到五十餘所。對於日本兒童，則在國語學校附設小學校，以施教育。這時候的教育經費，全由國庫支出。一八九八年頒布公學校令，以公學校為臺灣人的教育機關，修業年限定為六年，教科內容為修身、國語(日語，下同，)作文、讀書（日文兼漢文、）習字、算術、唱歌和體操。是年計設七十四校，收容兒童七千八百三十八人。對於日本兒童則為設立小學校四校，後又增到七校；其人數稀少的地方，則在國語傳習所或公學校內附開班次，另派敎員，特別敎授。在這個時候，小學校的經費，還是完全由國庫支出；公學校的經費，則除却敎員的俸給旅費以外，全歸學校所在地街莊區域內的住民負擔。因爲這個緣故，只要有一個日本人的學齡兒童的地方，便可特開班次，另請敎員，財政上別無困難；若臺灣人的公學校，非極富庶的地方，便設立不起。日本政府敎育上的搾取政策，獨占政策，已濫觴於此時了。在這政策之下，日本人的初等敎育，自必日臻完美，而臺灣人的自必進步遲滯，這是毫無疑義的事情，細考兩者三十年來學齡兒童就學百分比的比較，便可證明這話絕不是臆測。

就學率／年度	日本人學齡兒童就學百分比	臺灣人學齡兒童就學百分比
一九〇〇年	二九・五三%	二・一九%
一九〇五年	七二・九一%	四・六六%
一九一〇年	九三・二〇%	五・七六%
一九一五年	九四・〇六%	九・六三%
一九二〇年	九七・九六%	二五・一一%

一九二五年	九八・二七％	二八・八七％
一九二七年	九八・四九％	二九・一八％

據以上的比較表，便可以知道臺灣中日本兒童入學率增加的很快，到了近年來，除却白痴或殘廢者外，差不多沒有一個失學的；而臺灣人學齡兒童的失學者，至今還是占全數百分之七十一。臺灣人學齡兒童的入學率，不但絕比不上日本人，而且遠不及生蕃人入學率之高。據一九二七年的統計，生蕃人學齡兒童的就學率，還占百分之七十二・五九，不似臺灣人之只占百分之二十九・一八。這是什麼緣故呢？這是因爲日本人的教育經費，劃自國庫；生蕃人的，劃自州廳的地方費；而臺灣人的，則劃歸設立學校的街莊去負擔。三者教育經費的籌劃，難易之差，大有等級，所以教育普及的程度，也就因之而大相逕庭。他們爲確保日本人的支配地位起見，盡其所能以使其個個兒童都得受六年的初等教育；至於對臺灣人的教育，其目的只在養成一部分懂日本語的奴隸，以便其指揮驅使，其他則非所需，所以教育不妨忽視；至於生蕃人，人數不多，且沒有歷史背景，可左可右，所以教育也可盡量推廣。他們的教育政策是以這種成見爲根據，所以他們在教育上所收的效果，也就不免在數字上把這種成見反映出來。

臺灣總督府對於臺灣人所取的教育方針，據前民政長官後藤新平所宣布，是以無方針爲方針。他在一九〇三年所開的第一回學事諮詢會席上，對質問當局所取的方針爲何的會員說：『目下當局沒有方針，也沒有成立方針的理由；如要强說，國語的普及就是一定不動的方針。』歷來各總督、各長官都是秉承這個方針的。他們除却普及日語以外，沒有什麽希冀；學校的課程，十之八九費在日語。他們對於普及日語的努力，可謂擧官一致了，然而效果怎樣呢？據一九二〇年的國勢調查，臺灣人中懂日語的，千人中只有二十八．六人。他們所盡力的日語教育，成效如斯，其他所不注重的各種學科的成績，可以不問而知了。

臺灣人因實際生活之必需，並爲補救初等教育之不完備起見，常有自立書房（卽私塾）以敎授漢文的。日本當局因其有違日語教育的政策，且怕當地的人民有讀中國書的能力，不易翦滅其民族思想，於是對於敎授漢文的書房敎師，極端壓迫，非經警察官吏確認其爲老朽無能的人物，不准敎書；其敎材亦只限於四書、古文精言、商務尺牘一類的老書，不許採取其他的新材料。在公學校課程裏頭，從來讀書中兼授漢文，到了一九二二年修正公學校規則的時候，課程中加入日本歷史、地理、理科，而把漢文列爲選修科，於是所有全臺的公學校，差不多十分之九不敎漢文了。現時只好靠幾個略識之無的塾師，以延斯文於一線；然而這些塾師因爲不堪當局的壓迫，退伍者退伍，改行者改行，到了近來，已有日暮途窮之感，試看下列一表，便可以明瞭斯道盈虧的消息了。

年度	全島的書房數	全島書房的學生數
一九〇〇年	一、四七三	二六、一八六
一九〇五年	一、〇五五	一九、二五五
一九一〇年	五六七	一五、八一一
一九一五年	五九九	一八、〇〇〇
一九二〇年	二二五	七、六三九
一九二五年	一二四	五、一四三
一九二九年	一二五	五、一二〇

初等教育列爲義務教育，是文明國的兒童應享的權利；只要財政可以勉強應付，凡稍有責任心的爲政者，都應該極力促其實現。臺灣政府當局者，因有民族偏見梗於胸中，對於臺灣人的教育施設，只有敷衍，絕不積極；只有搾取，絕無援助；所以臺灣人的學齡兒童中，未就學的，至

今還有百分之七十一，進步絕緩。日本人雖有一二主張列公學校敎育爲義務敎育的人，但不爲大多數的日本官吏所容許，所以絕無實現的可能。一九〇〇年木村匡爲臺灣總督府學務課長的時候，卽極力主張此說，但終不爲兒玉總督和後藤民政長官所允許，以致就職不及八月，卽須棄官而去。一九〇四年木村氏又在臺灣敎育會常集會席上，力倡對臺灣人實施義務敎育之必要，且攻擊政府封鎖漢文書房的不當，又受當時的學務課長持地六三郎一場的痛罵，碰了一鼻子灰。自是而後，這個對牛之琴，就沒有人肯再彈，而臺灣人的兒童，也就永遠沒有享受義務敎育的厚福了。

臺灣的日本人小學校的經費，本來劃自國庫，絕無限制，所以擴充極易；到了一九二二年新敎育令頒布的時候，日本人足跡所到的地方，差不多已入處處有學，個個入學的狀態，已擴充到無可再擴充，設立到不必再設立的地步了。在這個時候，臺灣政府又在一視同仁的美名之下，把小學校這筆大宗經費，劃歸街莊負擔；於是街莊住民諸臺灣人，正在無力擴充公學校的時候，又來了這一筆大負擔，眞是啞子吃黃連，有苦說不出。不過旣然說是大日本帝國的仁政，被征服的小民，也只好感激涕零，拜而受之了。

臺灣政府在敎育上所施的搾取政策，證據之多，更僕難數；試取小學校敎科書的定價和公學校敎科書的定價一比，也可得到一個證據，其他類此的很多，恕不再擧。

種類／定價及頁數／卷次	小學校國語讀本		公學校國語讀本	
	頁數	定價	頁數	定價
卷一	五四頁	八錢	五二頁	十錢
卷二	七八頁	十錢	七二頁	十三錢
卷三	九〇頁	十錢	七八頁	十三錢
卷四	九六頁	十錢	九〇頁	十八錢
卷五	一〇二頁	十錢	一〇二頁	二十錢
卷六	一〇八頁	十錢	一〇二頁	二十錢
卷七	一一四頁	十錢	一〇六頁	二十三錢
卷八	一一六頁	十錢	一〇八頁	二十三錢
卷九	一二二頁	十二錢	一二〇頁	二十三錢

卷十	一三四頁	十二錢	一二〇頁	二十三錢
卷十一	一三〇頁	十二錢	一三四頁	二十五錢
卷十二	一三八頁	十四錢	一六六頁	二十五錢

以上所列兩種讀本，都是由政府編纂，由政府定價出售的，體裁和紙質都是一樣，可是頁數相同的書，公學校用的比小學校用的，竟有貴到超過一倍者，這雖似乎是件小事，其實影響貧人的向學心很大。日本文部省有見及此，去年四月間，又發表要將小學校的各種教科書，一律減價二成；而臺灣總督府對於公學校教科書的減價，絕無表示，可見其渺視臺灣人的教育，不恤窮孩子的艱難了。臺灣人初等教育不能發展，豈不宜哉！

五、中等教育

中等教育，種類比較複雜，變遷亦稍頻繁，籠統敘述，頗難明瞭。茲略為分成普通教育，師範教育和實業教育三項，分別敘述，以清眉目。

（甲）普通教育——中等普通教育，應推國語學校為元祖。這校設立於一八九六年，內分師範及國語兩部；國語部又分為國語及土語兩學科：土語學科的目的，則在授日本人以臺灣語；國語學科的目的，則在授臺灣人以日本語及普通學課，其課程為：修身，國語、讀書、作文、習字、算術、簿記、理科、唱歌、體操。修業年限定為三年，一九〇五年延長為四年。入學資格初定為國語傳習所卒業生，後改為六年公學校卒業生。一九一九年頒布臺灣教育令時，停止招生，一九二二年廢校。在臺灣教育令沒有頒布以前，臺灣人深感其子弟沒有中學可入，共醵金數十萬圓，謀自設一私立中學校，臺灣政府多方壓迫，無奈大家奮鬪不輟，政府沒有法子對付，於是遂另翻花樣，收其捐款，於一九一五年為立一公立臺中中學校，內容極其離奇：入學資格定為公學校四年修業生，列英語為隨意科，合博物、物理和化學為理科，多課農業手工，少授人文學科；修業年限定為四年。名為中學校，實際內容比之國語學校，程度還低兩年。臺灣教育令頒布以前，臺灣人的中等普通教育機關，前後只有這兩校而已。

一九一九年依照臺灣教育令所定，改公立臺中中學校為公立臺中高等普通學校，入學資格提高為公學校六年卒業生，修業年限仍為四年，加授英語為必修科，分博物，物理，化學為三科，餘仍照前。又改國語學校附屬女學校為公立臺北女子高等普通學校，為女子正式中等教育的濫觴；這一年又在彰化設立一校，翌年又成立一校於臺南，計為三校，修業年限三年。到了一九二二年新臺灣教育令發布的時候，前一校改為中學校，後三校改為高等女學校，提高程度，延長年限，依照新令，都改爲日臺學生兼收的學校。

日本人的中等普通教育機關的起原，應推一八九八年國語學校第四附屬學校（小學校）附設尋常中學科，其修業年限爲五年；入學資格爲小學六年卒業生；課程爲倫理、國語及漢文、英語、地理、歷史、博物、物理及化學、習字、圖畫、體操，並以唱歌爲隨意科；課程的程度和授業的時數，完全依據日本文部省的中學校令所規定。一九〇七年日本發布中學校官制，臺灣總督府亦即於是年制定中學校規則，於是中學科即脫離國語學校而獨立，成爲臺北中學校；一九一四年又設立臺南中學校。這兩校本爲臺灣總督府立學校，到了一九二一年地方制度改正，乃移管於校所在地的州，爲州的公立中學校。

日本人的女子中等普通教育機關，則創始於一九〇五年國語學校第三附屬高等女學校，這校也是按照日本的高等女學校令設立的，修業年限四年。一九〇七年臺北中學校獨立的時候，該校即改屬於中學校，至一九〇九年乃獨立爲臺北高等女學校。同年又成立臺南高等女學校一校。這幾個學校在新臺灣教育令頒布以後，亦開放爲臺日學生共學的學校，但臺灣人因受種種暗中的阻撓，得入學的並不見多。

新臺灣教育令頒布以前，男子的中等普通學校中，臺灣人所入的有一校，日本人所入的有二校，共爲三校；女子的中等普通學校中，臺灣人所入的有三校，日本人所入的有二校，共爲五校。新教育令頒布後，實行日臺共學制，於是學校大增，到了去年，八年之間，中學校已增加到十校，高等女學校增加到十二校。唯學校雖然大增，投考的臺灣人雖然兩三倍於日本人，可是考試的程度是以日本人的小學畢業學力為標準，所以入學者的數目，終被日本人年年占多數。各校的維持費，十之八九出自臺灣人的負擔，但享受教育的人，則日本人占多數，可見日本人在臺灣各級教育中，沒有一級不處在搾取的，壟斷的地位。茲將新臺灣教育令施行後的統計，整理如左，讀者可以得到一個明確的證據了。

學校	中學校				高等女學校			
投考者與入學者	日本人		臺灣人		日本人		臺灣人	
年度	投考者	入學者	投考者	入學者	投考者	入學者	投考者	入學者
一九二二年	一、二三四	五三九	一、六一二	三二一	九三〇	五四七	四二三	二七六
一九二三年	九七九	四六九	一、七六八	三七五	九五一	六三八	五三九	二六六
一九二四年	一、一三五	四九二	二、九三三	四二七	一、三八八	八六〇	八六四	三五〇

一九二五年	一、〇八四	四九〇	二、七四二	四〇九	一、一〇三	八一六	八四〇	三七四
一九二六年	一、一八三	五五五	三、一二八	四〇九	一、一三三	八四九	七八七	三五〇
一九二七年	一、三五九	六七七	三、一九四	四一七	一、三四六	九三一	八二八	三三一

共學制實行後，臺灣所有的中等以上的學校，完全遵照日本文部省令辦理，從來專為臺灣人所立的中等學校，也一律改為和日本人的中等學校程度相等。這個改革，名義上為提高臺灣人的教育程度，實際上是使學校日本化，使牠變為日本子弟的教育機關。因為牠一切的施設，無一不以日本人為標準，臺灣人的公學校卒業生，非優秀份子不敢投考，非極優秀份子雖投考也決考不上。看了上表的數字，便可明瞭。

（乙）師範教育——臺灣教育開始的時候，即注意到師資問題。當時因百業草創，一時要在臺灣養成師資，實是迫不及待，所以日本領臺的翌年一八九六年，即想出一個過渡辦法，派人到日本去招募有小學教員資格的人渡臺，授以三個月臺灣語的訓練，即派到各地國語傳習所和後來成立的公學校去服務。到了一九〇一年此制乃廢止，前後共招七次，卒業人員二百六十四名。一八九七年國語學校成立師範部，乃招募有中學四年以上學力的日本人，入學兩年，畢業後派充國語傳習所及公學校的教員。一八九九年另設臺北、臺中和臺南三個師範學校，以養成臺灣人的教員。入學資格爲國語傳習所卒業生，年限三年，學課爲修身、國語、作文、讀書、算術、簿記、地理、歷史、理科、習字、唱歌、體操和教授法，程度極低。一九〇二年廢止臺北和臺中兩師範學校，學生和備品都一律歸併於國語學校，名爲師範部乙科；而把從來收容日本人的師範部，改名爲師範部甲科。過了三年，臺南師範學校也被廢止，歸併於國語學校師範部乙科。一九〇五年，修改國語學校規則，師範部甲科入學資格提高爲中學卒業生，或有同等以上的學力者；乙科爲有公學校卒業以上的學力者。前者修業年限爲一年三個月，後來改爲一年；後者修業年限爲四年。一九一〇年加設小學師範部，以養成日本人的小學校師資；原來的師範部卽改稱爲公學師範部，仍分甲乙兩科。一九一八年新設分校於臺南。

一九一九年廢止國語學校，遵照臺灣教育令改爲臺北師範學校，並改臺南分校爲臺南師範學校。入學資格定爲公學校卒業生，修業年限豫科一年，本科四年。豫科課程爲修身、國語、漢文、數學、圖畫、音樂、實科（手工及農業，）體操；本科課程爲修身、教育、國語、漢文、歷史、地理、數學、理科、圖畫、音樂、實科（手工，農業或商業）。以上的規定，適用於臺灣學生。對於日本學生，則另在校中爲立小學師範部和公學師範部，入學資格爲中學卒業生或同等學力者，修業年限一年。小學師範部的課程爲修身、教育、國語、歷史、地理、數學、理科、圖畫、音樂、實科（手工，農業或商業），體操，臺灣語；公學師範部則不教歷史，減少國語和體操的時間，而每週加課臺灣語三小時。

對於女教員的養成，本來在國語學校設有附屬女學校技藝科；臺灣教育令施行後，乃改在臺北女子高等普通學校附設師範科，入學資格爲女子高等普通學校卒業生，修業年限一年，課程爲修身、教育、國語、漢文、地理、算術、理科、家事、裁縫、手藝、圖畫、音樂、體操。

一九二二年新臺灣教育令發布的時候，師範學校亦採共學制，分爲小學師範部和公學師範部，年限定爲普通科五年，演習科一年，共爲六年；若女子則縮短普通科一年，共爲五年。普通科入學資格爲小學卒業生，或同等學力者；演習科入學資格爲普通科修了者，中學卒業者，高等女學校卒業者，或認爲有同等學力者。

新臺灣教育令施行以前，日本人的師範生資格高，目的在養成領袖人材，故人數不怕少；臺灣人的師範生則資格低，目的在養成助手，故人數不妨多。到了實行共學制以後，兩者的資格相同，於是對於人數的分配，就另換一種局面：自是而後，就有日本學生日見其增多，臺灣學生日見其減少的趨勢了。

年度	日本人	臺灣人
一九二二年	一三五	一、五三三
一九二三年	二四五	一、四四四
一九二四年	三四六	一、三六八
一九二五年	四二一	一、二七八
一九二六年	四九四	一、〇二六
一九二七年	四九二	一、〇六二

前表師範學校在學生的數目，含有大多數舊制的學生在裏頭，所以臺灣人還可以占絕對的多數，若只拿新制的學生比較，臺灣人每年都是占少數。到了這一二年來，各校的舊制學生都已卒業，所剩的只是新制學生而已，所以在數目上，臺灣學生便少於日本學生。據臺灣民報社去年（

一九三〇年）五月所調查，現在全島四個師範學校所有的學生，日本人統共有五百九十九人，臺灣人統共剩了四百四十三人。

據老於教育界的朋友說，在各中等學校卒業的臺灣學生，因爲各種機關都操於日本人手中，找不到職業的占十之七八，只有師範學校的卒業生，需要供給早有安排，個個都不致失業，所以公學校的卒業生，都爭着要投考師範學校，因此每年在師範學校考試及格的臺灣學生，每年總比日本人多三四倍。不過臺灣總督府胸有成竹，暗中密令各師範學校，每年招生，無論臺灣人成績怎樣好，所取的數目，不得超過日本學生，以確保他們操縱初等教育的特權。

（丙）實業教育——各國對於殖民地所施的教育，通例是以技術的實業教育做基礎，對這方面的教育，極力振興；但日本對於臺灣，則屬例外。這是因爲臺灣總督府對於各種事業，都採取日本人獨占主義，對於技術者的需要，也都要仰給於日本，因此就把實業教育忽視。所以臺灣各學校中，實業學校成立最晚。

一九〇〇年國語學校創辦鐵道及電信兩科，授該校三年級學生中的志望者以鐵道和電信的粗淺知識，但當時的修業生，一共不過十四名；一九〇二年改爲實業部，內分農業，電信和鐵道三科，入學資格定爲有國語學校國語部第二年級以上的學力者，修業年限，農業科二年，電信科和鐵道科一年。一九〇九年廢止實業部，成立至是，前後計爲六年，共出畢業生六十七名。

一九〇〇年農事試驗場設講習生制，修業年限一年。一九〇八年改正規程，分爲豫科、農科和獸醫科三科，農科教授農業和林業的簡易學理和技術，獸醫科則教授獸醫的簡易學理和技術。修業年限，豫科一年，農科二年，獸醫科三年。一九〇五年糖業講習所也開始招募講習生，一九〇八年修正規程，入學資格定爲六年小學校或公學校卒業者，及同等學力者，修業年限二年，授以普通農學和製糖的課程。一九一二年設立工業講習所，內分木工科，和金工及電工科兩科，入學資格爲六年公學校卒業者，或同等學力者，修業年限三年。

一八九九年設立臺灣總督府醫學校，以養成臺灣人醫師，入學資格爲六年公學校卒業生。修業年限爲豫科一年。本科四年。自開辦起至一九二五年止，本科畢業生計爲七百零一人，爲臺灣人從事自由職業的先鋒。臺灣教育令頒布以前，該校即爲臺灣人的最高學府，因爲牠的修業年限最長，畢業生的地位也最高。臺灣教育令頒布的時候，即昇格爲醫學專門學校。

臺灣教育令發布後，臺灣公立實業學校規則也跟着發布，實業學校的入學資格定爲六年公學校卒業生，或同等學力者，修業年限三年至四年。於是依照新令，改工業講習所爲工業學校，後又改爲公立臺北第二工業學校；並新設公立臺中商業學校和公立嘉義農林學校，計爲三校，修業年限都是三年。同時又頒布臺灣公立簡易實業學校規則，斟酌土地情形，授公學校卒業生二年以內粗淺的農業、商業、工業、或水產的知識。

日本人的實業教育機關，以一九一七年立設的總督府商業學校爲濫觴，入學資格爲六年小學卒業生，或同等學力者，修業年限爲豫科二年，本科三年，計共五年。翌年又成立總督府工業學校，入學資格和修業年限，和商業學校一樣。一九二一年官制改正後，兩校都移管於臺北州，改名爲臺北商業學校和臺北第一工業學校。

一九二二年共學制施行後，合臺北第一和第二兩工業學校爲一校，修業年限定爲五年，另置專修科三年。臺中商業學校和嘉義農林學校也都提高程度爲五年。又新增設宜蘭農林學校，亦係五年制。依照新令的實業學校，共爲五校。簡易實業學校則改名爲實業補習學校，年限以二年以內爲原則，但遇特別情形，得延長爲三年。現在全島計已設立三十校。

實業學校學生的數目，也是不能越出例外，各校所有的學生，仍是日本人占多數。茲將五校這幾年來的學生總數，表列如左。

種族／人數／年度	日本人	臺灣人
一九二二年	六二七	五九六
一九二三年	七〇〇	六一六

一九二四年	七八三	五五三
一九二五年	八八七	五七五
一九二六年	九九六	五九六
一九二七年	一、〇一六	八四七

六、高等專門教育

殖民地的經營者對於被征服民所取的教育政策，通例是忽視初等教育，而注重高等教育；其所以如此者，爲的是一面要使一般人民愚昧，一面又需養成統治上的助手，如是，然後可以爲所欲爲，使統治不感困難。例如英領印度的人民，據一九二一年的調查，不識字的人，百人中占九十一人又八分，而印度中乃有大學十五校。臺灣在臺灣教育令頒布以前，還沒有專門學校，到了該令頒布後，臺灣人所入的就有醫學專門學校、商業專門學校和農業專門學校三校；日本人所入的則有醫學專門學校醫學專門部和高等商業學校兩校。到了新臺灣教育令頒布後，撤消差別制度，前記各校，一律遵照新令辦理，以教授高等的學術技藝，商業專門學校改名臺南高等商業學校，後又把這兩個高等商業學校併爲一校，又新立臺灣高等學校於臺北，一九二八年臺北帝國大學也隨而開設，將農業專門學校附屬於大學，於是外表上也就有點像英人在印度所施設的盛況了。唯臺灣的高等敎育，有一個特點，爲別國的殖民地所沒有，就是臺灣的高等敎育，不以原住者的臺灣人爲主體，而被移殖者的日本人所壟斷。招生的時候，且特地跑到日本本國各地去招募，其辦法的奇特，爲印度、菲律賓等地所未見。

新敎育令施行以前，臺灣人所入的專門學校的修業年限，醫專爲豫科四年，本科四年；商專和農專都是豫科三年，本科三年；公學校卒業生可入豫科，高等普通學校卒業生可入本科。其程度比較日本人的醫學專門部和高等商業學校，都差得很遠，因爲他們都是五年中學的卒業生纔得入學，而這邊則中學三年程度便得入學。不過程度低雖是低，臺灣人總算有三個專門學校可入；升學的機會，總算有了一定限度的保障，不似新臺灣敎育令施行後，所有的專門敎育機關，日甚一日地被日本人壟斷，到了現時，幾幾乎要弄到難以揷足了。玆將該令施行前和施行後兩者的專門學校學生的人數，加以比較，便可以知道臺灣人受專門敎育的機會，被日本人所奪掠的程度，比之中等敎育，更凶得多了。

種族 人數 年度	日本人	臺灣人	備考
一九二一年	二二四	六四〇	未施行新教育令
一九二二年	二八四	二八〇	施行新教育令
一九二三年	三三〇	三二二	
一九二四年	三八八	四三二	
一九二五年	四一三	三七七	
一九二六年	四七一	二八五	
一九二七年	五四四	二四〇	
一九二八年	六〇六	二二〇	
一九三〇年	五二五	一五三	包含帝大附屬農專

依照上表計算，新臺灣教育令施行以前，全島專門學校的學生一百人中，臺灣人占七十四人强，日本人只占二十六人弱；翌年新臺灣教育令施行的時候，日本的數目，立刻比臺灣人多出四名來，自是而後，壓倒臺灣人的趨勢，一年比一年顯著，到了去年四月間，專門學校學生一百人中，臺灣人只剩了百分之二二・五六，日本人則增到百分之七七・四四。

專門學校被日本人壟斷的狀況，既如上述，高等學校和臺北帝國大學的學生，日本人更占絕對的多數。據去年的調查，高等學校的日本人學生共為四百八十七人，臺灣人學生為一百二十三人；帝國大學的日本人學生計為一百六十二人，臺灣人學生為二十一人。用百分比計算，高等學校的日本人學生占七八・三七％，臺灣人學生占二一・六三％；帝國大學的日本人學生占八八・五二％，臺灣人學生只占一一・四八％。由此可見程度越高的學校，日本人壟斷的越利害。

日本人在教育上，也和他們在政治上，經濟上一樣，總要濫用他們戰勝者的特權，運用種種的方法，以壓制臺灣人，確保他們支配者的地位。在新臺灣教育令施行以前，專門學校臺灣學生的數目，雖比日本人多，可是學科的程度，則相差很遠；在這個時候，他們是由「質」的方面來壓制臺灣人的。到了新臺灣教育令施行以後，兩者共學，程度相等，於是他們另翻花樣，即由「量」的方面來壟斷。他們怕臺灣中的日本人敵不過臺灣人，所以每屆招生，都特地跑到日本本國去招募；每次要取日本人多少，臺灣人多少，都是胸有成竹的。這種教育機會的分配，是由政策上的操縱而定，而不是由學力上的競爭而來。

七、社會教育

臺灣的學校教育，既如上述，臺灣的社會教育，也是處在同一的狀態。臺灣政府對於社會教育，除却日語研究會之外，不但絕少施設，而且對於民間自辦的事業，多所破壞。例如對於臺灣人傳播文化的利器的漢文，卽橫加摧殘，第四節講初等教育時已述過。對於報紙，則非日本人不許創辦。臺灣現在雖有四種日刊新聞，二十一種月刊或週刊雜誌，可是其中除臺灣新民報以外，盡是政府的機關報。臺灣政府對於臺灣人，素來不許其發刊新聞雜誌，到了一九二〇年，留學日本的臺灣學生，乃在東京發行一月刊雜誌，名爲臺灣青年，以爲六三法案撤廢期成同盟會的機關雜誌，後改名臺灣，旋又改名臺灣民報，由月刊擴充爲週刊，仍在東京發行。到了一九二七年，經了許多波折，臺灣總督府乃允其移回臺灣，每期雜誌，均須經過嚴重的檢閱，纔准發行。所登言論，稍有不合政府口味，不遭沒收，卽遇剪割。臺灣民報到了前年，又改名爲臺灣新民報，增加資本，擴大組織，打算改爲日刊，可是臺灣政府以爲「時機尚早」，絕對不許，所以到了此刻，還只好暫維現狀，任日本人的日刊新聞去隨便瞎造謠言罷了。

臺灣人學習漢文既受禁止，精神上的交通媒介大形缺乏，於是有蔡培火氏，出而鼓吹採用羅馬字，想用簡單的拼音方法，使不識字的臺灣人在短期間可以獲得讀書、作文的能力。臺灣政府聽到這個消息，大為恐慌，立即通令禁止，雖經蔡氏多方疏通，可是旣然與其愚民政策相牴觸，自然萬難得其諒解，蔡氏一腔熱誠，只好付諸東流了。

八、教育經費

臺灣教育經費的來源，現在也是依照日本本國的慣例，專門以上的教育經費全由國庫支出，中等學校則教員薪俸歸國庫，其他歸地方費；初等學校則教員薪俸歸地方費，其他歸市街莊負擔。其劃分雖則如此，可是「羊毛出在羊身上，」無論牠由那一個機關支取，結局還是出自人民的租稅，所以臺灣各教育機關所花的經費，無論用在那一級學校，歸根結底，仍然是臺灣的老百姓所負擔的。臺灣中的臺灣人，占了總人口的十分之九以上，所以臺灣人所負擔的臺灣教育經費，至少也占總額十分之九。臺灣教育經費的總數，在四年前（一九二七年），計為一千二百餘萬圓的日金，現在當然有加無減，且須加上一百六十餘萬圓的臺北帝國大學經費，所以臺灣人所負擔的教育經費，數不在少。按四年前的人口和教育經費計算，每人平均須負擔二圓八角餘的日金。至其出費和來源，以及各種學校每年每生由公家所負擔的錢額，特分項表列如左。（單位日金圓。）

來源／經費額／學校	國庫	州廳費	市街莊費	計共	每年每學生所費額
小公學校		五、六五四、八三三	一、八三八、〇七八	七、四九二、八〇〇	三一
高等女學校	五一八、二四七	二五六、一一五		七七四、三六二	一六八
師範學校	七一三、九二三			七一三、九二三	四五九
中學校	四八一、一〇四	二四五、七〇七		七二六、八一一	一七一
專門學校	七六六、四九六			七六六、四九六	九七八
實業學校	二八四、六〇九	一八三、七七八		四六八、三八七	二三一
高等學校	三四八、三〇五			三四八、三〇五	六四三
圖書館		一三、二三九	二八、八九三	八七、六九九	
實業補習學校		五六、五九三	三四、五三三	一〇一、八〇七	一一

幼稚園		四五、〇九三		四五、〇九三	
博物館	三、八九〇	一五、三八三	六、三一三	三四、五八四	
盲啞學校		一六、一四三	一六、一四三		七三
其他	六〇、一七七	一九六、三九〇	九二、九二九	三四九、四九六	
計共	三、三三一、三一八	六、五七四、五九一	二、〇三三、七八二	一一、九三三、一六〇	
百分比	二七、三三	五五、五五	一七、一三	100	

這是根據四年前的預算所列成的，所以沒有帝國大學的經費在裏頭。帝大去年度的預算，計爲一、六五〇、五九〇圓，其學生計爲大學部一八三人，農業專門部一〇一人，計共爲二八四人。合大學和專門部平均計算，每學生每年所費公家的錢額，約爲五千八百十二圓。

臺灣的老百姓每年對於各級學校每一個學生所負擔的費用，多則五千八百餘圓，少也要十一圓；出費的人十分之九是臺灣人，得享敎育的人則十分之六七爲日本人。這些事實，已在前記各節說過，玆再將各級學校的學生數目和全島人口數目，依照日本人和臺灣人的分別，列成比例，以資參考。

各級學校在學生與人口爲萬分率的比例

學校（項目／萬分比）	日本人	臺灣人	比例率相差之倍數
小公學校	一、四一三・〇	五七七・〇	二・四
實業學校	四〇・〇	四・五	九・〇
師範學校	二七・五	一・〇	二七・五
中學校	一四一・五	四・五	二一・四
高等女學校	一七二・二	三・二	五三・六
高等學校	二三・五	〇・三	七五・〇
專門學校	二四・三	〇・三	八一・〇
帝國大學	七・五	〇・〇五	一五〇・〇

依上表所示，學校的等級越低，日本人的比例率和臺灣人的比例率相差越小，學校的等級越

高，則兩者的比例率相差越大。小公學校日本人的比例率比臺灣人的比例率，還高不到兩倍半，可是一到帝國大學，則高出一百五十倍，其對於高等教育壟斷的利害，眞可令人膽寒！由按分比例來看，臺灣人民每年要拿出九百七十八圓去栽培專門學校的臺灣人學生一名，同時便須拿出七萬九千一百十八圓去替日本人栽培八十一名的日本人學生；臺灣人民每年要拿出五千八百圓去栽培大學的臺灣人學生一名，同時便須拿出八十七萬圓去替日本人栽培一百五十名的日本人學生。這證明日本帝國主義在臺灣教育上的搾取是多麼厲害呢！

臺灣政府對於臺灣人的教育，忽略至極；而對於日本人的教育，則關心特深。他們以爲用臺灣人的錢去教育日本人的子弟，雖多花費，也不足惜。高等教育的不恤民艱，任意搾取，已如上述，其於初、中等教育，也是一樣。基隆金山地方，從前是支廳的所在地，有日本人的兒童十多人，因此當局即爲設立一小學校。後來支廳廢止，日本人因而四散。到了前年，只剩了一個一年級八歲的日本小孩。當地的莊民以爲爲了一個小孩，而須負擔一個小學校的經費，太不近理，所以主張使這個小孩入公學校，和臺灣人的兒童共學，而廢止小學校。可是基隆郡的郡守堅不允許，到頭還是讓牠繼續下去。爲了一個八歲的日本小學生，莊民每年須爲負擔五六百圓的小學校經費，州民每年又須爲負擔一千一二百圓的教育薪俸，眞可使歐美先進國家大歎不如。

九、結論

本篇著作的目的，在於闡明臺灣敎育的政策，而不在乎介紹臺灣學校的內容，所以有好多應該敍述的地方，作者都把牠省略掉。作者以爲日本各級學校的標準全國一致，臺灣既然採用日本延長的敎育制度，學校內容自不能有所例外，所以沒有特地說明的必要。至於殖民地的敎育政策，則作用很大，可注目的地方極多。牠的運用，小可以絕人智慧，大可以滅人種族，深可促現受帝國主義壓迫的中國國民反省，故不憚繁瑣之嫌，敍述特詳，其所述各節，全部根據事實，絕沒有半點誇張。古語說得好，「覆巢之下，那有完卵？」國家一亡，不但亡國者本身政治上經濟上受人壓迫搾取，就連子弟的敎育也難免受人家任意宰割，現有亡國之虞的國民，讀了此篇，也應該有所猛省吧。（十八年六月北京大學畢業論文）

參考資料

臺灣總督府　第三十統計書（昭和三年版）
臺灣總督府　學事第二十六年報（昭和四年版）
臺灣總督府　臺灣事情（昭和五年版）
臺灣通訊社　臺灣年鑑（昭和五年版）

拓殖省　殖民地便覽（昭和三年版）
臺灣新民報社　臺灣新民報（第三百十三——四號）
吉野秀公　臺灣教育史
臺灣教育會　臺灣の教育
矢內原忠雄　帝國主義下の臺灣
蔡培火　日本本國民與に與ふ
謝春木　臺灣人は斯く見る

本篇草成後，蒙導師李湘宸博士代爲閱讀指示，又蒙蔣夢麟校長命其刪蕪去繁，代爲介紹出版，誌此謝之。

炎秋附言

一九三一、一一、一

談談入學考試

我一出校門，就職河北省教育廳，立刻參加辦理公費留學考試的事務，後來轉職北平大學，每年招生，也幾乎沒有一次不曾參預；二十年來，親眼看過成千成萬的青年學生，冒着大暑，背井離鄉，忍受了莫大的苦楚，跑到陌生而混雜的都市，來接受升學的考試。他們在考試之前，廢眠食，開夜車，臨陣磨鎗，緊張應付的那份慘壯神情，實在値得我們灑出一掬同情之淚。我纍次身歷其境，深深體會到其中的艱辛，覺得前代對於貪贓舞弊的考官，每每處以腰斬、屍解一類的極刑，的確很有道理，堪供負責的教育當局參考。我們這個文明古國，歷來就是個充滿着貪贓舞弊的烏煙瘴氣的國度，早在宋朝，女流氓閻婆惜，就已經發見了「公人見錢，如蠅子見血」這條眞理。連我們廉潔的不同尋常的「公人」及時雨宋大爺，她也要嚴加詰責說：「做公人的，那個貓兒不吃腥？」我涉世以來，積了二十多年的經驗，深知在這舉世混濁的當中，只有書呆子所守衛的學校這塊園地，還能一直保持乾淨，不爲惡俗所染，尤其是大、中學的入學試驗，辦理得非常嚴正，可以令人佩服到五體投地。

不幸得很，自從人們發明了「公敎人員」這句成語以後，「敎人」就和「公人」薰蕕同器，結成了個不解之緣；「有條有理，無法無天」的「公人」風氣，也就駸駸乎猛襲到「敎人」所守衛的這一塊乾淨土來了。別的且不管它，只拿入學考試來做例，據巷間傳說，有些地方的有些學校，只要找着門路，送足陋規，或是取得當朝要人的一封八行書，你就可以不必擔心你的子弟的智能商，到底是三十或是二十，學校當局一定有法子包管你的子弟，能夠壓倒一切優秀的學生，穩穩當當取得入學的權利，創造出一個「校門八字開，有學無錢莫進來」的局面。這類謠言，最近甚囂塵上，只是我總不能不相信它是「無稽之言」，因爲深懂人情世故的王婆，曾經敎訓過本分人武大郎說：「經目之事，猶恐未眞；背後之言，豈能全信？」像貪污舞弊這一類隱微曖昧的事情，比之潘金蓮的偷漢子，更是不着痕迹，無憑無據，自然難以徵信；況在賢明的魏主席和嚴肅的許廳長領導之下，那能容許這種敗類的存在？不過古人有言：「無火之處不生煙」，「君子防未然」，我一方面希望敎育行政當局以後對於各校辦理入學試驗，應該加緊監督，如果發見不正的行爲，必須嚴予懲處，不稍寬假，以儆傚尤；一方面希望學校主管，愛惜羽毛，尊重傳統，不可使這個神聖的教育事業，稍受污染，致本身成了名教罪人；另一面也希望爲人父兄的人，少安毋躁，切不可存有偏私溺愛的心情，想要運用種種取巧不正的手段，來使自己的子弟，優先取得不當的入學權利，免得敗壞學風，貽害國族。如果大家能夠這樣協力同心，秉公滅私，去維持這個優良的制度，那纔可以對得起「三更燈火五更雞」的那些莘莘學子的一片奮勵自强的苦心，纔可以對得起國家設校興學的作育人材的宗旨，纔談得到新中國的建設。

（三十七年八月「中國文化」）

十年來的臺灣國語運動

一、臺灣國語運動的意義

國語是傳佈一國的固有文化不可缺少的工具，如果沒有統一的國語，那麽，所謂民族的團結，民族精神的發揚，都是不容易做得好的。中華民國締造以來，許多先知先覺就已經看到了這一點，所以國語運動，隨着中華民國歷史的開展，而蓬蓬勃勃地推行起來了。臺灣光復的時候，臺灣省行政長官公署，也看到了國語的推行，是收復失地的一個重要的工作，就組織了臺灣省國語推行委員會，聘請專家，成立機構，來負起「推行標準國語，改進語文教育」的任務。這個工作，得到了各級的學校和行政機關，通力合作，十年於兹，顯已收到了相當的成果。

國語運動的意義，就全國來說，在於本國語言的標準化；就光復當時的臺灣一省來說，在於本國語文的恢復運動，再進而着手於讀音的標準化運動。因爲日本佔領了臺灣以後，在明治二十八年（光緒二十一年，西曆一八九五年）六月十八日，擧行臺灣總督府始政典禮，第二天馬上就成立學務部，當時的學務部長伊澤修二，給樺山總督提出了一篇關於臺灣教育的意見書，開頭就說：「臺灣的教育，第一，應該使新領土的人民，從速學習日本語。」這個方針，一直爲歷代的執政者所秉承，五十年如一日，對於日語的推行，上上下下，不遺餘力。

自從明治二十八年六月二十六，移設學務部於芝山巖，即由七月四日起，着手招募日本語傳習生，是爲日語運動的嚆矢。到了後來，下自幼稚園，上至大學，所有學校，一律全用日本語施行教學。除了正式的學校以外，又在各地廣設「國（日）語講習所」，招收十二歲以上，二十五歲以下的青年，傳授日用的日語和公民常識，期限短則三月，長到三年。日本侵華戰事發生以後，日本感到兵源不足，不得不在臺灣施行徵兵制度，爲訓練士兵的方便起見，對於日語的提倡，更是無微不至，如果有全家日常都肯用日語談話的住戶，就給以「國語家庭」的稱呼，可以享受特別優厚的配給，同時還有其他物質上和精神上種種的優遇。臺灣人民五十年來，處在這種威迫利誘的狀態之下，而且所有的書籍、雜誌、報紙、全用日文，大小機關，全說日語，於是乎勢不得不放棄固有的祖國的語文，轉而普遍採用日本的語文了。

日本統治臺灣，自始至終，即以摧毀我國的語文，而代以日本的語文爲一個主要的方針，因爲推行非常徹底，所以到了光復的時候，不但臺灣的中、小學生，只懂得日本語文，而却忘了固有的中國語文，即連三十歲以下的社會人士，對於固有的語言文字，也幾乎都成了文盲和啞吧。因爲這樣，光復當時的臺灣的國語運動，在提倡語言的標準化以前，所以要先來一個中國語文的恢復運動，尤其是固有「母語」的恢復運動，也就是閩南語和客家語的恢復運動，是針對着現實的需要而來的。因爲母語的恢復，比國語的學習，容易得多；母語恢復了後，再進而利用它爲跳板，來學習同一語系的標準國語，可以收到事半而功倍的效果。臺灣省的國語運動，所以會有特殊的意義，就是由於這種特殊的歷史背景而來的。

二、臺灣省國語運動綱領

臺灣省的國語運動，因爲有了上面所說的特殊的歷史，作爲背景的緣故，所以三十五年四月臺灣省國語推行委員會成立了後，就拿三十三年三月教育部爲發動全國國語運動週而印發的五條「國語運動綱領」，當做基本原則，再針對當前事實的需要，另行訂定六條「臺灣省國語運動綱領」，作爲工作的指針。這六條綱領是：

（一）實行臺語復原，從方言比較，學習國語。

（二）注重國字讀音，由「孔子白」引渡到「國音」。（筆者附注：所謂「孔子白」，是本省人對於文字的讀音；這種讀音，大都跟口語不同，而跟中原的讀音相近。所謂「國音」，就是國語的標準讀音。）

（三）刷清日語句法，以國音直接讀文，達成文章還原。

（四）研究詞類對照，充實語文內容，建設新生國語。

（五）利用注音符號，溝通民族意志，融貫中華文化。

（六）鼓勵學習心理，增進教學效能。

這是因爲臺灣光復的初期，行推國語，成了時髦，只是從事這個工作的人士，熱心有餘，而深研不足，於是乎有用過時古董的「舊讀音」（即保持入聲，列有五音的舊讀法，早經教育部通令廢止的）來教學的，有拿日本人所編，用「假名」注音的「支那語教科書」來做課本的，有主張可學「藍青官話」而無需乎標準的，亂七八糟，莫衷一是，弄得學者無所適從。所以光復半年後，省國語推行委員會成立的時候，就立刻定出上述的六條綱領，來作爲推行國語的準繩；同時，規定所有的國語讀音，一律要以二十一年教育部修正公布的「國音常用字彙」爲標準，並由該會另行補充其他有關材料，重新編訂「國音標準彙編」一書，由行政長官公署公告：「嗣後關於一切注音讀物，悉應以此書爲準。」於是乎多年來所揭櫫的「推行國語必先統一讀音，讀音統一端賴確立標準」的一大難題，纔在臺灣得到了徹底的解決；而臺灣的國語推行，也因爲有了這些明確的綱領，作爲指針，所以能在全國當中，得到了最好的成績。

三、四種基本工作

（一）利用廣播，樹立標準：臺灣省國語推行委員會成立不久，爲要推行讀音標準化的工作，就利用廣播電臺，播送趙元任博士發音的國語留聲機片，來統一注音符號的正確讀音；接着又請國語發音的專門學者齊鐵恨先生，親赴電臺，用「民衆課本」和「國定小學教科書」，逐日發音示範，由國語教科書擴展到史、地、公民各種課本，使全省的國民學校的教師，坐在家裏，利用收音機，就可以對於他所要教的課本，學到了正確的讀音。

齊鐵恨先生在電臺的這個示範廣播，自三十五年五月一日起，一直繼續下去，前後八年，風雨無阻，未曾間斷過一天，省國語推行委員會又怕窮鄉僻壤，沒有收音設備，不能獲得這種方便，所以又另外購置了國語留聲機片一百二十套，免費分發全省各偏僻地區，以資補救。這個國語教學的廣播，起初只是以國民學校的教員，作爲主要的對象，所以所廣播的教材，採用的是國民學校各科的課本，後來因爲應付各界聽衆的要求，又兼用中學的國文課本和國語日報社發行的「古今文選」，並利用廣播時間，解答聽衆所提出的各種國語問題。這個工作，一直繼續到四十三年五月，因爲臺灣省教育廳已經另在電臺辦有一個空中補習學校，其中國文的節目聘請省國語推行委員會李劍南先生擔任，內容有些彷彿，所以纔加以結束，從開始到結束，前後已達八年之久；臺灣省的國語教學，所以能够收到讀音標準化的效果，這八年的國語示範教學的廣播，貢獻最大。

（二）舉辦講習，訓練教師：本省光復的時候，由省教育處和各校邀聘來臺的中、小學教師，數目非常地少，就連本省教育界人士從大陸回來的和從福建、廣東自行來臺任教的，合在一起，從寬估計，也達不到一千人。他們所講的國語，大都是南腔北調，不合標準。至於日據時代原在學校服務的，和光復了後纔去接替日本教員的本省人，對於國語和國文，更是一竅不通，幾乎都是現學現教。教育當局對於這一批人，每年都是利用暑假，在各縣市舉辦一次小學教員暑期講習會，加以補救，只是期限太短，以致收效並不很大。比較切實的，是臺灣省訓練團所舉辦的各地中小學教員的調訓，期間較長，而訓練也因而較專。不過在這些講習會和訓練班裏，國語國文只佔了課程的一部分。訓練不易徹底。省國語推行委員會有鑒於此，曾經舉行過五次專爲訓練教員而辦的國語國文的講習班，期間最短的兩星期，最長的六個月，參加人數約有四百餘人。

三十五年五月，省教育處曾經設立一個語文補習學校，作爲一般補習國語、國文的機構；裏面所設的公教班，參加補習的，大都是國民學校的教員，三十六年五月，改爲省立臺北補習學校，補習的是一般學校的科目，和原來的宗旨，完全變質。到了三十九年，省國語推行委員會纔又呈准省教育廳，恢復語文補習學校，並接受臺北市教育局的委託，開辦小學教員進修班，同時開辦四班，依照程度的高低，分級修進，期限是三個月到一年。四十二年二月臺北市教育局開辦一個國民學校教員國語文專修班，聘請師範學院王壽康教授主持班務，調訓各校優秀教員，給以嚴格的國語文的訓練，使畢業後返回各校，可以對於語文教學，發生領導作用，期限六個月，全日上課，帶薪進修，已辦過四期，切實而有效，在歷來各種語文訓練機構中，成績最為顯著。這個制度，可惜其他別的縣市，以限於經費，不容易仿效舉辦。

不過別的縣市雖以經費關係，不能像臺北市那樣，設立教員的專門訓練機構，却也都盡量運用了別的各種方法，來鼓勵他們對於國語、國文的進修。例如基隆、高雄、臺南等市（臺北市當然不例外）、宜蘭、臺南、桃園、雲林、屏東、高雄、臺東、花蓮、新竹、嘉義、臺北等縣，都成立了國語推行委員會，設置國語推行員，除了推行民衆的國語教育以外，並協助國民學校的教員，解決國語的教學問題。同時，各縣市的教育行政當局，大都每年至少要舉行一次國語競賽，集合全縣市的小學教員，來比賽作文、注音、和朗讀。所有教員，不分省籍、年齡、和性別，一律都要參加，因此人數常在千人以上，競賽結果，成績優良的，由當局優予獎勵。這種競賽所表現的成績，一年比一年好，所以也是刺激、鼓舞教員進修國語文的一種省費而多效的方法。

（三）編印書報，供給參考：光復初期，市場上曾經流行過幾十種的國語課本，這些課本，完成了它的應急的任務以後，就都被時代所淘汰了。省國語推行委員會成立以來，前後曾經編印了七十餘種的書籍；這些書籍，有的是教學的參考書刊，有的是注音的課外讀物，都有過成千成萬的讀者。其中尤以王玉川先生所編的「國語說話教材及教法」、王玉川和祁致賢兩先生所合編的「初級小學注音符號課本教學法」、和祁致賢先生所編的「說話及注音符號教學指引」，都是經過多年親自實驗所產生出來的最切實際的參考資料，並經省教育廳刊印，發給全省的國民學校，所以在低年級國語的實地教學上，都有過了很大的貢獻。此外，各縣市的國語推行委員會，也編印過很多的補充教材，來適應各地方特殊的需要。

三十八年春間，省教育廳指撥一筆專款，選定有關三民主義的書籍十餘種，交由省國語推行委員會，用注音國字印行，每種二萬五千冊，分發全省各縣市鄉鎮、各級學校、各機關團體，以供閱讀。這是全國未曾有過的一個創舉，也是最合機宜的措施，因爲注音符號在本省推行得相當普遍，用注音國字來印行民衆教育的書刊，最爲本省的讀者所歡迎。這一批三十多萬冊的注音書籍，直接可以宣傳主義，而間接也可以推行國語，可以說達到了一石二鳥的目的。

此外，還有參加國語運動的人士，在三十七年的光復節，協力創辦了一個全部注音的「國語日報」。這個日報，經過了幾年苦心慘澹的經營，現在居然打好了相當鞏固的基礎，通常發行的份數，總在一萬二千左右；雖然是個小型日報，訂閱的讀者，也以小學學生爲主，但是許多窮鄉僻壤，尤其是山地的村落，別的大報所達不到的地方，却常常可以看到一兩份注音的國語日報，成爲當地住戶所珍貴的精神食糧。以前大陸上各地方，也曾經發行過幾次的注音日報，都是壽命不長，不久就告夭折，只有臺灣的這份國語日報，發刊以來，七易寒暑，不但屹立不動，而且好像是可以永久生根發育下去似的，這也可以認爲是臺灣國語推行成功的一個表現。

國語日報的副刊，有梁容若和齊鐵恨兩先生所主編的「古今文選」，因爲全部注音的關係，不但成了很受歡迎的本省中學生的課外讀物，同時還有南洋各地的好些華僑中學，採用它的合訂本，作爲正式的國文教科書，時常有大批的訂購，可見本省的國語運動，不僅是在省內收到效果，而且也在海外發生影響。

（四）師範課程，加重語文：國語運動的主要對象，雖是全民，而工作重點，却在學校，因爲現在的學生，就是將來的公民，況且臺灣的學齡兒童，已經有百分之九十一以上，接受着義務教育，大學中學，也極發達，所以各級學校學生的人數，非常龐大，只算國民學校的學生，就有一百三十餘萬人，超過全省總人口的十分之一，如果學校的國語教學獲得成功，那麼，整個社會的國語運動，就可以有了一個堅强廣大的基礎了。在學校敎授國語的教員，大都是從師範院校產生出來的，要使學校的國語教學有良好的成績，就得先由師範院校痛下工夫。教育當局有見於此，所以在全省的九個師範學校，除了部定的課程以外，特別加强國語、國文的訓練；省教育廳科由三十八年起，實行師範學校國語、國文畢業統考，不合格的不准畢業。

省立師範大學也在各學院的各系科，普遍加授國語、國文，並舉行標準考試。這個制度的目標是：各系科的畢業生，都能夠用純正的標準國語，來教授他所擔任的專門學科；而國文學系的畢業生，除了擔任國文以外，對於國語的教學，也能夠勝任愉快，該校原設有國語專修科，以培養專門的國語教員，產生過兩屆的畢業生，三十九年以經費關係，予以停辦。最近因為鑒於社會的需要，曾經醞釀要恢復招生，又以經費無着，暫告擱淺，臺灣因為國語運動特別發達，所需要的國語專才，也特別殷切，所以該科的復活，恐怕是遲早必會實現的。

四、一個重要的語文教學的改革

注音符號是識字正音的工具，日常用語是教學訓育的憑藉；為要提高兒童學習文字的效率，必先使兒童能夠運用注音符號；為要貫徹使用國語以施行教學的政令，必先使兒童對於日常所用的國語，能夠聽，能夠說。省教育廳有鑒於此，乃於四十三年六月，函令各縣市政府和各省立小學：自四十三年第一學期起，初級小學一年級的國常時間，應先教「說話」和「注音符號」，兩者配合進行，定十二週（今年函令縮短為八週）教完。這是國語文教學上一個重大的改革，是提高國語文教學效率很好的一個開端。所謂「工欲善其事，必先利其器。」就是這個改革的說明。

這個改革，醞釀很久，遠在民國九年，教育部修正「國民學校令施行細則」第四條，就已經規定：「首宜教授注音字母，正其發音……並採用表演、問答、談話、辯論諸法，使練習語言。」二十四年教育部公佈的「促進注音國字推行辦法」第三條，又明白規定：「國民學校初級小學一年級上學期，應以國語科全部教學時間一半以上，先行或同時教學注音符號，而與國字課文取得聯絡，以期由注音而認識文字，提高文字教學之效率。」

教育部的這種政令，雖然頒佈了三十餘年，可是一直成為具文，沒有一個地方切實施行過，經了臺灣教育廳這次的通令，纔算由臺灣全省所有的國民學校，徹底遵辦了。這種先教注音符號和說話，然後進入文字的教學方法，非常切合實際需要，適應兒童心理，的確是像部令所說的，可以「提高文字教學之效率」；實施以來，人人稱便。

五、結語

臺灣的國語運動的成績，一般批評的人常說：小學很好，中學稍糟，大學更糟，社會最糟。這個批評，在剛剛光復的頭幾年，也許很合實情，可是最近這兩三年來，却很有改變了。因為現在的中學生，十中八九是光復後纔入小學的，他們大都已有相當正確的國語訓練的基礎，所以已經不是早先那些「吳下阿蒙」了。

本省籍的大學生的國語、國文的程度，近兩年來，也提高到跟外省籍的學生差不了許多，這有兩樁事實可以證明：第一，早先臺灣大學考試新生，國文的題目，本省籍學生和外省籍學生，要分別出題，前者較易，而後者較難，以求公平。後來題目統一了，就發見臺灣學生的國文的全體總平均分數，和外省學生的國文的全體總平均分數，是有相當的距離的，不過這個距離，却一年比一年縮短了。據統計的表示，三十九年相差十二分（零數四捨五入，下同），四十年相差十分，四十一年相差八分，四十二年相差只剩五分；四十三年因爲聯合招生，沒有統計，按照歷年的進步情形來推算，至多也不過是相差三兩分罷了。以往臺灣大學對於臺灣學生的錄取標準，因爲國文分數吃虧，所以要在總分數中比外省學生酌降幾分，作爲補救，使投考生和錄取生的比例，兩種學生得以平衡；從去年起因爲是聯合招生，沒有法子考慮這個問題，但是錄取的結果，兩者的比例，竟然照舊保持平衡，這可以看出本省籍大學生的國語文的進步的一斑了。其次，以往的「大一國文」，由於聽講能力和發表能力不同的關係，如果不依照省籍來分班，就要感到很大的困難；可是這兩年的分班標準，却拿入學考試的國文成績，來代替省籍，不但沒有問題，而且發見很多臺灣學生，被編進成績最好的班級去了。

至於社會人士的國語，比起學生，的確差得太多，不過這幾年來，也並非沒有長進；試看前幾年省、市、縣的參議會所有的質詢、辯論、提議，全部要用翻譯，但是這兩屆的各級的議會，已經沒有這種現象，多數議員在議場所說的，雖有生硬和流暢的區別，却幾乎全都可以用國語來應付了。本省當局對於國語推行的運動，用在學校的力量多，而用在社會的力量少，確是一件不容否認的事實，不過對於成人的國語文的補習敎育，却也沒有怎麼樣忽視。據四十二年二月本省各縣市的調查，全省十八歲以上四十五歲以下，不會簡單國語，不識淺近文字的人數，計有一百四十一萬一千三百多人。除了在不同的主持者所開辦的補習班，以及從收聽電臺的廣播而自己學會國語的人數，沒有法子估計外，依據省敎育廳第五科的統計，自四十年至四十三年上半年，已入民衆補習班，接受國語、國文的補習敎育的人數，計有六十萬九千五百多人。本年度（四十四年）預定開辦七千四百七十五班，可以收容失學民衆三十七萬三千七百七十一人。這種掃除文盲的計劃，正由敎育當局積極推行中，這樣下去，再過幾年，臺灣省中一般社會上的國語程度的水準，一定可以提得相當高了。

本省的國語運動，在全國的各省市當中，雖然可以說是最肯努力，最有成績的一個省份，不過距離理想的境地，還是很遠，所以百尺竿頭，還須更進一步，使它更加普遍化，更加深刻化，更加標準化；等到全省的男婦老幼，都能夠自由自在運用本國的標準語言文字，來表情達意，那纔可以說是達到了最後的目標；現在的這一點成就，不過是在平地上覆了一簣，只能算做工作的開端罷了。

（四十四年十月新生報社「臺灣十年」）

日本的大學通信敎育

一、緒　言

第二次世界大戰結束以後，日本的敎育制度，發生了一次根本的大改革。這種改革，雖然由美國的佔領軍當局所主動，是美國敎育制度的翻版，不過其中却有一個例外，就是大學通信（函授）敎育的制度化。這個大學通信敎育的制度化，完全和美軍當局的方案以及美國的敎育制度，沒有關係，純然是基於日本當時的實際情形的要求，由日本自身所發動，而且它的原動力是從民間來的。它使那缺乏金錢、敎師、和設備的日本敎育界，得到一種最好的補救，使許許多多徬徨失學的貧苦青年，獲得接受高等敎育的機會，實在是値得我們攻錯的一種優良的敎育制度，所以本人趁着這次赴美之便，特地在東京費了一星期的時間，作過一次實地的考察，特將考察所得，貢獻讀者以供借鏡。

民國三十三年（昭和十九年）中日戰爭快要終了的時候，日本全國各級學校的建築物，全數約有二千萬坪，其中約有二百七十萬坪，被戰火所燒燬，損失約達百分之十三。大學因爲集中於都市，所以所受的損失，比其他各種學校更大，據統計所示，當時全國三十六所大學，即有十八戰三千五百二十三坪的校舍，由於遭受戰災而歸於烏有。可是等到戰爭終了的時候，不但被送往萬地的所謂「學徒出陣」的九萬多大學生，都要返校復學，而且還有一大批的陸海空軍事學校的畢業生和在學學生，按照當時的規定，都要轉學於文部省（教育部）所管轄的學校，弄得教育當局，窮於應付。

戰後的日本政府，曾經頒佈過一個「基本教育法」，內中明定：「教育的目的，是應該在所有的機會、所有的場所實現的。」又曾規定：「一切的國民，都應該同等給與享受適應其能力的教育的機會。」因爲有了這個法律上的根據，所以負有教育責任的人，對於這一大批渴望接受高等教育的青年，是不能視若無睹，不去設法來滿足他們的要求；大學的通信教育的辦法，就在這樣的情況之下，產生出來了。

二、大學通信教育的制度

日本現在所推行的通信教育，總共有三種：一爲依據學校教育法的學校通信教育，二爲依據社會教育法的社會通信教育，三爲依據教育職員免許（資格認定）法的認定通信教育。大學所辦理的通信教育，就是學校通信教育的一種，因爲除了大學以外，日本的高等學校（高級中學），也正在極力推行通信教育。

社會通信教育，專以圖謀教養、技術的向上爲目的；免許法的認定通信教育，係以使想要擔當教員的人，獲得教員免許狀（合格證書），或在職的教員，獲得上級學校的免許狀爲目的；大學通信教育，則是依據「大學通信教育基準」所規定，以「依照學校教育法，與通常的課程並列，施行正規的課程」爲目的。在「學校教育法」第四十五條裏面規定：「高等學校得由通信施行」，該法第七十條又規定：「第二十八條第六項、第四五條，及第五〇條第三項之規定，大學準用之。」依照此項規定，大學生可以由通信教育而畢業。也就是說：接受大學通信教育的學生，就是正規的大學生，和通學生接受同一水準的教育，享受大學生的待遇，獲得一樣的畢業資格。他們跟晝間部和夜間部（日本的大學的夜間部和晝間部待遇相同，沒有差別）完全一樣，經過了規定的年限，獲得了所需的單位，就可以畢業，得到學士的學位，享受大學畢業生所可享受的一切權利。因爲這樣，由通信教育所取得的單位，可以跟通學課程所取得的單位，互相通用。

通信敎育的課程既然和正規的大學課程一樣，那麼入學資格自然也是必須和通學生完全相同的，也就是說：必須是高等學校（高中）畢業生，或在法令上被認爲有同等學力的人，纔得入學。但是沒有入學資格的人，只要他具有學習的能力，也可以作爲「特修生」，接受這種敎育，只是不能取得畢業資格罷了。但是如果要得資格，他可以去參加政府每年舉辦的「大學入學資格檢定試驗」，或各該大學所舉行的「大學入學資格認定試驗」，合格以後，就可以和高等學校畢業生一樣，取得正式的大學生的資格，可以正式畢業了。

此外還有一種學生，他並不希望依照正規的課程，來取得畢業資格，只是爲要取得敎員的免許狀，而報名參加政府所規定的必修的科目而已，這種學生，叫作「聽講生」。所謂聽講生，並不是報名選修，就算了事；他在學習的方法上和試驗的過程上，完全和接受正規課程的通信敎育學生沒有兩樣；聽講生這個頭銜，只不過是法令上的一個名詞罷了。

依照大學基準協會所制定的「大學基準」所規定，一個大學畢業生，至少必須攻讀四年，修習一百二十單位的課程和四單位的體育。在那「大學通信敎育基準」裏面又有規定：「大學通信敎育，必須和通常的課程，在同一水準之下施行。」由此看來，它所要求的修業年限和修習單位，自然也非完全一致不可了。而且按照上開「基準」所規定：「畢業所要單位之中，必須有三十單位由面接授業而取得。」換句話說，參加通信教育的學生，必須接受相當於一學年份的面接授業，才能畢業。「面接授業」是 Schooling 的譯語，就是要在學校裏面，由教員當面講授的意思。

面接授業的施行，也有幾種不同的方式，留待後面再來詳細說明。現在先將大學基準協會所制定的「大學通信教育基準」的全文，譯載於後以便參考。因爲除了「大學基準」外，這個「大學通信教育基準」，是所有一切施行通信教育的大學所必須遵守的，是他們最主要的依據。不過這只是適用於一般的正規大學而已，其他的短期大學（等於我們的專科學校）所辦的通信教育，則不受它的限制。據去年（中華民國四十五年）度的統計，日本有正規大學二百二十七校，內中有七校辦理通信教育，此種學生計有七萬六千一百零七人，其中有女生一萬零七百九十一人，正規生有四萬五千九百二十九人，餘爲特修生及聽講生；畢業生總數有八千二百九十人。短期大學有二百四十七校，內中有兩校辦理通信教育，此種學生計有二千零九人，其中正規生有一千六百九十二名，餘爲特修生及聽講生；畢業生總數有一百八十七人。查日本全國的大學，計有四百七十四校，而辦理通信教育的，不過九校，其百分比不過一點七而已；至於全國大學通學生的總數，還不到七十萬人，而大學通信教育的學生，則有七萬八千餘人之多，其百分比超過了十一以上。從這兩個數字的比較，就可以看出通信教育的成績和它的影響的一斑了。

三、大學通信教育基準（譯文）

第一、宗旨：

一、大學的通信教育，基於民主化的精神，廣汎開放大學教育。

二、此基準所定的通信教育，依照學校教育法，與通常的課程並列，施行正規的課程。

三、此基準係指示大學通信教育的最低基準，由此以圖謀其特殊性的確保和充實。

第二、基準：

一、大學的通信教育，必須和通常的課程在同一水準之下施行。

二、大學實施通信教育的時候，必須設立像通信教育部那樣的適當的主管機關。

三、大學實施通信教育的時候，必須根據它的特殊性，具備必要的教授指導能力。

① 通信教育的教員，原則上爲該大學的教員。但必要時，亦得囑託適任者爲講師。

② 鑒於通信教育的特殊性，希望設置相當數目的指導教員。

四、教員的任免、資格、身份、及待遇等等，全部依據大學基準。但是指導教員的負擔，不問專任兼任，應該基於通信教育的特殊性，特別考慮，不使過重。

五、學生的名額，應該考慮通信教授的指導能力，事務機構及設施，適當加以規定。

六、關於學生的入學，依據大學基準。
七、通信教育得設置可以選擇特定的科目而加以修習的課程。
八、關於學習指導應該鑒於它的特殊性，圖謀對依靠通信的個人作澈底的直接指導。
①授與教科書和指導書，接受設題的解答，加以增删、批評、指導。
②對於設題的解答，應該置適當的攻讀的時間，每一科目在每一個月中，至少必須使學生提出一次的解答。
九、靠通信而修習的單位，一學年不能超過三十單位。
十、授與學士學位的資格的最低要求，應依據大學基準。
①畢業所需的單位之中，必須有三十單位由面接授業而取得。
②面接授業通算起來，必須相當於一學年分以上。
十一、修習科目的最終試驗，必須和通常的課程，在同一的程度之下，確實施行。
十二、通信教育所修習的單位，可以和通常的課程的單位，互相轉換。
十三、對於科目的性質上特別需要設施的授業，應該留意於其適當的設施。
十四、此基準所有規定的一般事項，全部依據大學基準。
附則：

一、通信敎育不能設置大學院的課程。
二、通信敎育不能設置以實驗實習爲主的課程。

四、大學通信教育的沿革

筆者在緒言中已經說過，日本投降的時候，有九萬多的從軍的大專學生要回學校，又有無數的軍事學校的畢業生和在學生，依照法令，要轉學於文部省管轄的大專學校，而當時的各大專學校，因爲遭受轟炸，大都變成廢墟，敎員和設備，又都感到十分缺乏，簡直沒有法子應付。當時慶應大學和法政大學兩校，鑒於當前的急需，就想到外國的通信敎育制度和日本原有的早稻田大學和中央大學等校的不給學分的文法科的通信敎育制度，遂認眞去研究怎樣創設一種可以給與學分的大學通信敎育制度。可是當時文部省所頒布的「大學基準」，對於這一點，完全沒有顧到，所以即使要着手實施，也是感到「於法無據」。

民國三十五年（昭和二十一年）此兩大學當局制成方案，提請文部省和大學基準協會，訂定「通信敎育基準」。該方案於民國三十六年二月間提出，到了是年九月，文部省就頒布了一個關於社會敎育的通信敎育認定規程。不過這個規程與慶應、法政兩大學所考慮的制度不同，它不過是一種不給學分的，以職業敎育爲目的的通信敎育。直到是年十二月，大學基準協會纔通過「大學通信敎育基準」。民國三十七年三月文部省承認慶應和法政兩大學的法學、文學、和經濟學的通信敎育講座，合於基準，到了民國三十九年（昭和二十五年）三月，文部省纔正式准許慶應、法政、中央、日本女子、日本、和玉川六大學的通信敎育課程，立案爲基於學校敎育法的正規大學。自此以後，大學的全部課程，遂正式准許由通信敎育而修習，獲得畢業資格。是年八月，大學基準協會又制定「短期大學通信敎育基準」，於是連二年制的短期大學，也可以和四年制大學一樣，實施通信敎育了。

民國四十一年（昭和二十七年）三月，法政和慶應兩大學有通信敎育第一屆畢業生。四十二年三月中央、日本女子、日本三大學，也有第一屆畢業生。接着玉川大學的第一屆畢業生也於四十三年三月產生了。自此以後，每年三月和九月兩期，都有大學通信敎育畢業生出現。

以上所說的六所大學，校址都在東京，到了民國四十二年（昭和二十八年）四月，京都的佛敎大學的通信敎育課程，也正式立案，是爲關西的大學通信敎育的嚆矢。

民國四十四年四月大阪的浪速短期大學，四十六年四月近畿大學短期大學部的通信敎育課程，都獲得立案。時至今日，日本的大學通信敎育自創辦以來，已滿十年，現在計有四年制大學七校和短期大學兩校，施行通信敎育。

五、大學通信教育的內容

㈠入學：

大學通信教育的入學資格，和大學通學生一樣，定為高等學校畢業生或被認為有同等資格的人。他們可於每年四月和十月（但在中途也可以入學，不過這個時期最合適），向其志願進入的大學，提出規定的文件，即可入學，不必經過入學考試。但在畢業以前，一般都要經過一次高等學校畢業程度的「學力考查」，合格之後，纔能取得畢業資格。考查科目，各校雖然不盡一致，却也大同小異。以慶應大學為例，考的是：國語、社會、數學、理科、和小論文。這種「學力考察」的參加次數，完全沒有限制，可以一直參加到合格為止。

如果沒有具備大學的入學資格，也可做為「特修生」，入學研讀。這種特修生如果想要獲得大學的畢業資格，那麼，也有兩種方法可以達到目的：①參加文部省所舉行的「大學入學資格檢定試驗」，②參加各該大學所舉行的「大學入學資格認定試驗」。在這兩種試驗之中，如果能夠考取一種，就可以得到大學的入學資格，也就可以轉學為正科生，然後再去參加「學力考查」，合格以後，又修完規定的單位，那麼，他就可以獲得大學的畢業資格，享受大學畢業生所可享受的各種權利了。「學力考查」各校大都每年舉行三四次，而且派遣教職員到全國各地去辦理，所以只要願意參加，機會是非常之多的。

有些大學對於接受通信教育的學生，也和通學生一樣，彼此之間，准予互相轉學，互相承認既得的學分。舊制高等學校和專門學校畢業生，以及新制大學一年以上在學者，也可以依照以往在學的年限和既得的學分，插班於通信教育的第二學年或第三學年。這種規定，對於學生非常方便。

(二)通信授業：

通信教育的特色，在於利用通信做媒介，來施行個人的直接指導。這種學生，必須依照大學新發給的「教材」(Text)和「學習指導書」(Guide-dook)自己去鑽研。學習指導書中，指示學生學習的方法，應看的參考書，和應做的自習問題。學生把教材和參考書讀過了後，再做指定的作業，然後依照規定的「報告課題」，作成報告，提出於學校。學校接到了報告以後，就把它轉交給擔任各該科目的教員，由該教員審閱、添削、評講、注分，然後送回學校，返送於學生，學校就把所得的分數，登記起來，做爲平時成績。

每種科目的教材，常常依照單位的多寡，分成幾本分冊，每一分冊，大概是七八十頁，爲每一單位所必須精讀的分量，學生可以按照發給的次序，閱讀下去。每一單位的「教材」的份量，平均假定爲七十五頁，那麽，到畢業爲止，共要修完一百二十四單位，閱讀九千三百頁左右的「

敎材」，再加上指定的參考書，那麽，這個學生所獲得的學力，的確是大有可觀的。學生對於「敎材」，如有疑問，可用敎材中所夾入的「質問券」，提出詢問，由擔任敎員，予以解答。

報告和質疑，是通信敎育兩個最重要的手段，所以各大學都很認眞辦理。報告的提出，大都每一單位需要一份，平均每月總要提出兩三份，所以到畢業爲止，每個學生必須提出一百幾十份報告。這雖是個相當繁重的工作，却也是非有不可的，因爲你逼着他這樣做下去，他的學力水準，總可以比得上通學生，而不顯示絲毫遜色。

個別指導雖然有上述的長處，可是它不能像通學生那樣，獲得師長的薰陶和學友的切磋的機會。因爲這樣，所以各大學除了遵照「大學通信敎育基準」的規定，嚴格執行一學年以上的「面接授業」以外，總是獎勵各地方的通信敎育學生，結成「學習集團」(Study-group)，時常舉行研究會，由學校派遣敎員，予以指導和幫助，以作補救。

通信授業除依靠「敎材」和「學習指導書」以外，各校大都另行發給「補助敎材」，以供通信敎育學生，做爲學習上的參考。這種補助敎材的目的，各校不同，例如慶應大學發行的，叫做「三色旗」和「慶應通信」；法政大學發行的，叫做「法政」和「月報」。「三色旗」和「法政」，目的在於提高學生的一般敎養，登載敎授們所執筆或學生們所投稿的有關學問上的事情或時事問題的小論文或隨筆，使師生可以在紙上獲得一種精神上的聯繫。「慶應通信」和「月報」，則等於一塊公告板，登載有關試驗、面接授業、學費、以及其他一切學生必須知道的事項。從這幾點上來看，也可以看出施行通信教育的學校當局，用意是怎樣的周到。

(三) 面接授業：

大學通信教育的全部學程中，四分之三的單位，可由通信授業而得到，其餘的四分之一的單位，則必須由面接授業而獲得。這是「大學通信教育基準」所曾經明白規定，同時也是實施通信教育的各大學當局所希望的。因爲每一個大學，總有它特有的校風，這種校風，絕不是語言文字所能夠說明出來的東西；就假定你有本領能夠把它說明出來，可是這種說明，對於聽講的人，也不能發生任何影響，他必須在那有形無形的環境和風氣的潛移默化之中，去把它吸收過來。拿我們臺北來作例吧，臺灣大學、政治大學、以及師範大學等校，都各有各的不同的校風，不過這種校風的實體，到底是什麽，誰也沒有法子把它切實形容出來。但是它們實實在在各有一種看不見的偉大的影響力，是大學教育的根源，是對於新的人格的形成所必不可缺的要素。面接授業就是要使你不但能够在那個大學獲得學問，同時也能够受到那個大學的校風的陶冶。

由此可以看出面接授業的用意，一方面固然在於使你對於不能僅由紙上得到的學問（語言學）、需要實驗的科目、以及體育實技之類，得到機會去補充；另一方面也在於使你有個相當長的期間，可以在學校中過着共同的生活，好把你所就學的那個大學特有的校風，體驗出來。所以面接授業的施行，雖然對於通信教育的學生，是個很大的負擔，可是如果想要獲得畢業的資格，無論如何，這個困難是必須設法克服的。

面接授業是要你把一學年份三十單位以上的學分，在就學於大學的一定的期間中，由直接聽講而取得。面接授業大都採用三種方式，由學生依照他的方便，選擇一種去註冊上課。這三種方式是：

（甲）夏季面接授業：由每年七月下旬起，到八月下旬止，通共六週時間，和通學生一樣，整日到學校來上課，共上四個夏季的課，即可修完三十學分。有些大學另設三週間班和四週間班，以便利有固定職業的學生，不過在這種班級上課的學生，年限就得拉長，參加三週間班的，必須八年纔能修完；就是參加四週間班的，也須六年纔能畢業。

（乙）夜間面接授業：每年分爲春秋兩期，春季從五月到七月，秋季從十月到十二月，每天都在夜間上課，每期十二週，每夜兩三小時不等，每期可以獲得七八個學分，參加四期，就可以修完所需的學分。

（丙）整年面接授業：從每年四月起到翌年三月止，整整一年，和通學生一同通學，修得三十學分。此一方式最合理想，收效最大，所以各大學當局最獎勵學生參加這一方式的面接授業。不過天下的事情，總是利弊參半，一長一短的；因爲參加這一方式的學生，在畢業以前，只可以得到一次和學校接觸的機會，如果他採取的是（甲）、（乙）兩種的任何一種方式，都可以有四次以上的機會，來和學校接觸了。不過前者接觸的時間長，而後者接觸的時間短，到底是那一種比較好，實在也很難說。

在這三種方式當中，（丙）式以一年爲單位，自然不能和（甲）、（乙）兩式混用，可是（甲）、（乙）兩式，則可以互相混用。例如今年以參加（甲）式爲方便，則參加（甲）式；到了明年，（乙）式對於自己更方便，自然是可以改變方針，去參加（乙）式的面接授業。只要你能夠在面接授業中獲得三十個單位就可以，至於參加那一種方式，完全聽任學生去選擇。

在日本的許多公私機構，對於接受通信敎育的服務人員，每多給與特別的方便，使他們能夠參加面接授業，以便取得大學畢業資格。例如秋田、北海道、富山、山形等縣的縣政府人事委員會，都早已採取了特別的措施；又如組織龐大的專賣公社（等於我們的公賣局），從前年起，對於這類職員需要參加面接授業的時候，也給予特別公假。

（四）科目終末試驗：

通信敎育和通學生性質不同，所以試驗方式也就隨之而異。通學生各學科的考試大概有期中考試和學期考試。每學期都在規定的日期，全體舉行。通信敎育學生則因分散各地，不能集中會考，所以在原則上，規定學生攻讀各科的敎材以後，要按照規定，提出報告，如果審查及格，就可以獲得該科目的「終末試驗」的應考資格。

「終末試驗」大都採取筆試的形式由大學分期派人到全國各交通中心的地方去辦理，學生可以就近參加。以法政大學爲例，除了東京不算，它在全國各地分設一百五十個試場，分別派人前往舉行，連琉球的冲繩都包括在內。東京每月舉行一次，全年共十二次；其他各地，次數不盡一致，平均全年四次。應考者不受籍貫的拘束，只要於他方便，任何地方，都可以報名參加，所以非常方便。一年當中，分爲數回試驗，而所試科目，每回不同，因此在準備上，也可以得到從容的時間，可見其用心相當周到。這裏說的雖是法政大學一校的辦法，其實別的大學也差不了多少。這個試驗及格以後，就可以獲得該科目的學分。

(五) 畢業試驗：

畢業試驗，包括兩個項目：(甲)畢業論文，(乙)「綜合面接試問」。通信教育學生如果修滿所需單位，就要申報畢業論文的主題，在規定日期內，提出論文於教授會，經過審查合格後，纔能參加「綜合面接試問」。綜合面接試問是用口頭試問的形式來施行，範圍很廣，包括四年間所修習的各種科目。這是全過程中最難應付的一件大事，這道難關突破了後，纔算畢業，可以按照所學的科目，分別獲得文學士、法學士、或經濟學士等學位。

(六) 畢業的條件：

畢業所需的各種要件，各校雖然不盡一致，但大體上也差不多。現在擧法政大學爲例：第一、要在同一個學院攻讀四年以上：如係轉學生，則以前的在學期間，可以算入。第二、要在一般的教育科目的人文學科、社會學科、和自然學科三系列中，各修習三科目十二單位以上，合計要獲得三十六單位以上。第三、關於體育的科目，要獲得講義二單位，和實技二單位。合計四單位。第四、外國語要修習兩種，共計二十單位以上。第五、專門科目依照各學院的規定，包括畢業論文，要修習六十四單位以上；畢業論文所佔單位，由各學院分別規定。第六、上述各項合計一百二十四單位之中，依照各學院所規定，要有三十單位以上，由面接授業取得。以上六種要件，全都具備了以後，就可以畢業。不過通信教育學生雖然不論什麼時候，隨時都可以入學，但是畢業時期，每年只有三月和九月兩次，和通學生同時擧行畢業典禮；所領到的畢業證書，也和通學生完全一樣。

（七）通信教育學生的優待辦法：

日本政府和各大學當局，爲獎勵一般青年接受通信教育起見，對於通信教育學生，定有各種優待辦法，現在分別列擧如下：

（甲）稅金的扣除：接受通信教育的學生，大都是有職業的人，因此他們可以援照優待勤勞學生的規定，如果一年間的總所得額在十七萬五千圓（約等於新臺幣一萬七千五百元）以下，則可以扣除五千圓的所得稅；同時，市、町（鎮）、村民稅，也可以隨而減輕，總共大約可以減留六千元左右的稅金負擔。各大學對於通信教育所收的學雜費，全年也不過六千圓。所以所要交的這筆學費，可以說已經由國家替他們繳納了。

（乙）郵費的減低：民國三十八年（昭和二十四年）經大學通信教育協會的努力，由第五特別國會通過議案，將通信教育所需的各種郵費，全部予以減輕。例如大學每月寄發學生的教材和補助教材，學生送給學校的報告課題的答案，學校還給學生的修改過的答案，以及使用規定的用紙寄來寄去的學習上的質疑和解答等等的郵費，都是減半優待。換句話說，普通需要貼上一元的郵票的郵件，如果用於通信教育，則只須貼上五角的郵票就可以了。這雖是所省不多的事情，可是每月總有幾次的來往，四年統計，積少成多，數目也是相當可觀的。

（丙）交通費的折扣：通信教育學生雖然是住在家裏讀書，不必坐車通學，不過如要參加各種考試，或接受面接授業，就非乘坐車船不可，因此交通當局對於他們，也給予特別的折扣。如果距離超過一〇一公里，可以使用「學生生徒運賃割引證」，國營的鐵路和航路，都是五折優待；私營的鐵路、航路、和國營的電車和汽車，也可以享受八折優待。在接受面接授業的期間中，更可以購用「通學定期劵」，車資極省。

（丁）獎學金的貸與：在參加通信教育的過程中，有需要費用的，是接受面接授業的時期；

尤其是從各地方到東京來的學生，所費更大。他們也許大都早有準備，有了多少積蓄，不過感覺困難的人，恐怕也不在少數。因爲這樣，日本育英會，就特別對於他們，創設了一種貸與奬學金的制度。如果只是參加夏季的六週間的面接授業的學生，可以借到六千元；參加整年的，就可以借到二萬元。有了這一筆奬學金可以借貸，問題就容易解決了。

（戊）學費的免除：各大學的通信教育當局，對於成績優秀而家計清寒的學生，大都可以免除他們的學費的全部或一部分。所有通學生可以受到的優待，通信學生大概也可以享受。例如慶應大學奬學規定所有的各種奬勵，通信教育學生都可援用，就連金澤奬學金，也一樣可以請領。萬一遇到災難，大學當局也都盡量予以救濟。例如民國四十二年九州和近畿地方遭受風災水害，民國四十四年新潟市發生大火災的時候，法政大學對於罹災的通信教育學生，全體減免學費，並且重新頒發教材；法政大學這種措置，別的大學也都羣起響應，施行救助。

（己）轉學爲通學生：通信教育的本科生，如果依照規定，修完所定的單位，希望轉學爲通學生的時候，經過審查，按照所修單位的多少，可以揷班於二年級或三年級。

（庚）享受各種試驗的權利：①本科生如果在學兩年以上，修完一般教育科目，則可以：（a）取得國家公務員五級職的應考資格，（b）免除司法官（裁判官、檢察官、和律師的國家試驗）的第一次試驗，（c）免除公認會計師的第一次試驗，（d）取得外交官、領事官的受驗資格，(e)如果是修習法律學或經濟學的學生，可以取得稅理士的受驗資格。②如果畢業，可以取得國家公務員六級職的受驗資格。其他享受有關各種試驗的權利，和通學生完全沒有兩樣。

(辛)免試取得教員「免許狀」：如果你希望擔任中等學校教員的職務，只要取得正科生的資格，修完所定的單位，在學兩學年，就可以獲得中學校(等於我們的初中)的二級普通「免許狀」；畢業了後，就可以獲得中學校的一級普通「免許狀」或高等學校(等於我們的高中)二級普通「免許狀」。如果你現在已經有了教員「免許狀」，而且正在教書，而希望取得上一級的免許狀(例如你現在是中學校的二級教員，希望取得一級教員的資格)，則不必一定是正科生，只要依照規定，修完必要的科目，就可以達到目的。如果你希望在現有的科目的「免許狀」以外，取得別的科目的「免許狀」(例如你現在已經有了國語科的免許狀，希望再得英語科的免許狀)那麼你也不必為正科生，只要依照規定，修完該科教員所必修的科目，也一樣可以達到目的。

(八)學費：

學雜費的名目和數額，各校不盡一致，大約每年總在六千元以下。試舉法政大學和慶應大學為例，以見其一斑。法政大學在初入學的時候，要繳入學金五百元，授業料五千二百元，部報代金三百元，合計六千元；慶應大學則為入學審查料三百元，登錄料七百元，教育費六千元，合計七千元。這是把全年份一齊繳納的數目，其中授業料或教育費，也可以分期繳納，不過那是要多繳一點的。例如法政大學，如果分兩期繳納，每期授業料二千八百元，全年要多繳四百元；分三期繳納，每期二千元，全年要多繳八百元。慶應大學本來在上開各費之外，每年還要繳納補助敎材費四百八十元，不過如果你是個預交全年學費的人，則這一筆費用可以優待免繳；如果分期繳納，那麼，它就要照章徵收，沒有法子減免了。

六、大學通信教育的優點

通信敎育和面接授業比較，自然有許多不方便、不完全的地方，但在這反面，也有許多特有的優點，値得我們注意。現在把幾項有顯著的優點，提示一下：

（一）任何時間、任何地點，都可以學習：

通信敎育和學校敎育不同，學校敎育必須在特定的時間和特定的地點施行，而通信敎育則隨時隨地都可以進行，不受這個限制。無論你是在家裏，是在辦公室，只要可以抽點工夫，隨時都可用功。假使你今天太忙，或者精神不好，你可以自由休息，沒有任何人員，任何規則去管束你。反之，如果你高興的話，就是三更半夜，或者大清早晨，都是你最好的上課時間。此外還有一點，就是學校敎育一定要在學年度開始時候入學，如果錯過了這個時期，你就得多等一年，可是通信敎育却是隨時可以申請參加的，所以方便得多。

（二）注重個別指導，可以按照自己的能力，進行學習：

在學校上課，是以班級爲單位的，你得隨着全班的同學，一齊進行，就是趕不上，也不得不勉强追隨。可是通信教育，則徹頭徹尾以個人爲對象，自由伸縮；得意的科目，你可以開快車，一直讀下去；不得意的科目，也可以耐心玩味，利用充分的時間去摸索；如果自己弄不清楚，可以寫信到學校去請敎，總可以得到明白的指示。在學習上，完全可以隨着自己的能力，自由調節。

（三）無法上學的人，可以坐在家裏接受高等敎育：

高中畢業程度的人，不能進入大學的原因，雖然很多，其中最主要的障礙，恐怕是經濟上的事情。因爲一個在大學通學的學生，一年間所需要的學雜膳宿等費，實在非常可觀；可是他如果換個主意，去接受通信教育，那麽所需的費用，和它相比，那就十分低廉了。不但學費低廉，而且還可以適用「勤勞學生的扣除」，拿所扣除的所得稅，即可以繳納全年的學費了。此外還可以申請日本育英會的獎學金，以資補貼，所以只要有志用功，經濟問題是很容易解決的。

（四）可以使不能上學的人，獲得各種資格：

沒有敎員資格而想當敎員，現任的敎員想要取得更高的資格，想要投考公務員、推事、檢察官、律師、公認會計師、外交官、領事官、外務書記官、警察官、法院職員、辦理士、營養士等等的人，都可以由通信敎育來獲得受驗的資格。不但獲得資格，而且可以獲得實力，因爲各大學的通信敎育的學習方法，對於這一類的人，都很有幫助。

（五）沒有大學入學資格的人以及躭誤了入學年齡的人，都可由通信敎育獲得補救：沒有具備大學入學資格的人，可以先做特修生接受通信敎育，入學後再去參加「大學入學資格檢定試驗」，及格了後，就可以轉籍爲正科生，按照規定，畢業大學。此外，還有年青時代失掉上學機會的人，也可以由通信敎育來補救，因爲通信敎育沒有年齡的限制，六十歲、七十歲都可以自由參加，所以對這一類人，也很有貢獻。

（六）爲職業上或敎養上的需要，可以自由選修特定科目：由職業上或敎養上的需要，想要得些新知識的人，以及家庭婦女，爲敎育子女或管理家政，想要得些參考資料起見，都可以自由選修於他有用的科目，來滿足自己的要求。

七、結　語

日本的大學通信敎育，用最經濟的辦法，擴展了高等敎育的範圍，替國家培養了不少的人才，同時減少了許多由於失學而產生的社會問題，的確是個很好的敎育制度，值得我們研究採用。

通信敎育雖然發端於美國，尤以第二次大戰發生後，經軍部在軍中一度推行，曾經風行一時，但它並沒有制度化，成績也沒有日本的顯著。美國現在雖然有三百幾十個私營的通信敎育機構，不過大都以傳授職業技能爲目的，且帶有很濃厚的營利性質，也沒有學校做背景，自然是不能給與學分的。此外，也有五十三個大學的推廣部，兼辦通信敎育，可是學校雖然那麽多，而學生統共也不過十五萬人，不像日本九個大學，即擁有七八萬接受通信敎育的學生。

美國大學的通信敎育，雖然也承認學生的學分，不過如要取得大學的畢業資格，他所需要的面接授業的學分，要比日本多得多。美國大學畢業所需要的學分，也和日本差不多，大體上是一百二十單位，這當中通信敎育可佔的單位，各校的規定不盡一致，大都和日本相反，只能承認其中的三分之一的單位，其餘三分之二的單位，必須由面接授業去獲得。雖然有少數的學校，可以承認到一半的單位，但也有少數的學校，只肯承認其中的十五個單位。

關於大學通信敎育的比較，美國和日本還有一點很大的不同，就是日本全由私立大學去辦理，而美國則在五十三個辦理通信敎育的大學之中，只有芝加哥大學一校是私立的，其餘全是州立大學。哥倫比亞大學原是創辦通信敎育最早的一個私立大學，後來由於費用太大，不堪負擔，只好宣布結束了。因爲通信敎育頭緒紛繁，要動員許多人力、物力，只靠學費，不能維持，所以私立大學不敢輕試，只好由財源比較寬裕的州立大學去從事。拿個例子來說吧，賓州大學曾經計算，每個通信學生選修一個學分，需要負擔十三元的經費，假使這樣徵收，未免顯得太貴，因此只向學生徵收九元，其餘不足的四元，由州庫補助。

大學的通信教育，在美國需要不大，因爲他們有一千九百所的大學，遍布全國各地，而且產業發達，工讀學生容易找到工作，只要你有志向學，上個大學，並不十分困難，所以並不迫切需要通信教育去補救；日本情形就不如美國，所以大學的通信教育因而特別發達，辦法也比美國完善，可供我們借鏡。我們臺灣的教育設施和經濟情形，又比日本落後，更有提倡大學的通信教育的必要。我們現在只有十七個大專學校，二萬五千五百九十五個學生，在人口的比例上，只佔了很小的一個數目。雖說大專學校每年收容的學生，可佔高中每年畢業生的百分之六十，但那每年留下來的百分之四十的不能升學的高中畢業生，一年一年累積起來，數目是很可驚人的。對於這一大批失學的青年，如果使用通信教育去補救，採取日本的學分制度，參以美國的經費安排，就可以用一學年的費用，完成四學年的教育效果，爲國家多培養出一大批的人才，正合我國當前的需要，所以不畏繁瑣，特將所見，粗略寫出，以貢獻於立法當局、以及關心教育問題的社會人士。

（四十七年六月「教育與文化」）

舉辦「中學學力檢定試驗」

——拯救落第孩子的一個建議

今年臺北市公立中學聯合招生發榜了後，我們知道，落第的考生，遠比及第的爲多。北市如此，其他縣市，大概諒必相同。以北市聯考的初中爲例，我們知道，在兩萬零八百八十九個男女考生中，及第的只有八千五百十三名，僅佔了考生的百分之四十，其他一萬二千三百七十六名的落第考生的前途，都被投下了一道濃厚的黑影；因爲依照現在的法令，初中上不了，就沒有法子上高中；高中上不了，就沒有法子上大專院校；大專院校上不了，就要在這個競爭劇烈的社會上，居於惡劣的地位，處處要吃大虧；難怪這些落第的孩子，悲觀之餘，投水自殺者有之，離家出走者有之；他們的那些望子成龍的父母，更是愁眉深鎖，被一種沉重的氣氛所籠罩。

有了這麼多的孩子陷入失望的深淵，我們大人，尤其是有權勢可以想法子的大人，是應該負起拯救的責任，不能夠把這個擔子，輕輕推掉。如果這些孩子全是「朽木不可彫」，那還有話可說，可是據聯考的結果所表現，有很多優秀的人才，在這樣的競爭場中，被犧牲掉了，所以我們大人，更不能不負起設法拯救的責任。此次北市公中聯考，初中最低的錄取標準，據報上發表，三科合計，男生是二五六・五，平均各科要八十五分多，女生是二五〇分，平均各科要八十三分多，可見有很多考得八十分以上的好學生，被擯門外。我們各級學校對於學生成績評定的標準，大都認爲能夠考到七十分以上的，就是「可造之材」，能夠考到八十分以上的，就是「優秀份子」，此次的聯考，不但有好多「可造之材」遭遇淘汰，還有不少「優秀份子」也被犧牲。據這些落第考生所表現成績來看，他們的確可以學學項王的口吻，對他們的父兄交代說：「天亡我，非戰之罪」！我們大人如果不替這些失敗的小英雄，想想辦法，那眞太對不起他們了。

拯救的辦法怎樣？有的人說：「今年整個公立中學，只容納了不及百分之四十的考生，如不迅速增班、增校，以後的情形可能更困難，而考試也將成爲更嚴重之事。」有的人則說：「實則孩子如無學校可上，即使停學一年，補習補習，明年再來，亦無不可，好在國人平均壽命已經延長了，一年也還損失得起。」據我愚見，增班、增校，談何容易？對於這類需要大筆經費的事情，是難寄予太大的希望的。而且增班、增校，需要相當的準備，也是遠水救不了近火。至於「補習補習，明年再來」，明年再來準有把握嗎？孩子是禁不起幾個明年的躭誤的，落到結果，恐怕難免陷入「少年雖努力，老大仍悲傷」的境地。

據我愚見，拯救的辦法，最簡便的，莫過於參酌文官考試的檢定試驗，由敎育行政機構，舉辦「中學學力檢定試驗」，分爲「高中」和「初中」兩種，每年在各縣市同時舉行一次。「初中學力檢定試驗」的應考者，不限資格，只要年齡滿十四歲以上，能把初中所敎的各種科目，全部檢定及格，就發給證書，證明其有初中畢業的學力，賦予初中畢業生所享受的各種權利。這種檢定，不必全科都在一次及格，每次試驗，有那一科及格，就發給該科的合格證明書，效力三年，在有效期間中，再考時可以免考，等到全部及格，纔發給正式的初中學力檢定試驗合格證書。高中學力檢定試驗的應考者，除了應考資格規定爲年齡滿十七歲以上的初中、初職畢業生或初中檢定合格者以外，其餘準照初中檢定的辦法辦理。

有了這種檢定試驗以後，學生就可以不必因爲考不進中學而感到前途的黑暗，因爲他可以在家自修、補習，稍稍努力，仍然可以和進入中學一樣，取得升學、上進的資格。敎育當局可以鼓勵有資格、有能力的私人，多辦補習班，來加以輔導。同時，開放各地中等學校的博物、理化的設備，利用課餘和假期，舉辦理科講習會，使這些自修者，可因此獲得更方便的學習。除此以外，還可以設立函授機構，以及教育電臺等設施，來做補充。這是個輕而易舉的，不花大錢而可收宏效的辦法，希望教育廳、教育部、立法院教育委員會、省議會教育小組以及社會上有心的人士，對於這個提議，考慮看看。

（四十九年八月九日「聯合報」）

國語日報十五年

統一國家，必須統一國語；統一國語，必須依靠那三十七個簡單而易學的注音符號來推行，纔能够達到目的。這是六十年來從事國語運動者的共同信仰，而在今日的臺灣，得到證實。民族晚報曾經在一篇題名「改進國文敎學的問題」的社論，說過這樣的話：「至於注音符號，則已顯然收到了實際的效果。常常看到一些小學學生，對於有注音符號而不認識的字，能够很正確地讀出字音來，卽其明證。我們覺得自五四運動以來所推行的各種文化運動，只有這一項是百分之百的正確，也百分之百的成功。」民族晚報的這一段話，並非誇張渲染，確是「百分之百的正確」；國語日報的能够在臺灣生根長葉，白手成家，有着「百分之百的成功」，就是它最好的注解。

臺灣被日本佔據了五十多年，民國三十四年光復的時候，因爲受了他們政府所施行的皇民化運動的餘毒，大多數的省民，把祖國的語文，幾乎忘得一乾二淨了，所以行政長官公署成立的當時，就設立臺灣省國語推行委員會，聘請國語專家何容、齊鐵恨諸先生，主持會務，利用注音符號，來推行國語，不到三年，就把日本人五十多年的苦心孤詣，全部推翻，表現出很顯著的成績來。三十七年三月間，當時的教育部長朱家驊先生來臺視察，對於臺灣的國語教育的成就，深覺滿意，就決定要把教育部在北平發行的注音國字小型三日刊「國語小報」，搬到臺灣，改爲日刊，來發揮它的功效。朱部長答應發給一萬元的金圓券，做爲開辦費，並把國語小報的全部器材、經費和編制，撥給要在臺灣創立的「國語日報」，責成臺灣省國語推行委員會的幾個常務委員，負責籌備，國語日報就這樣懷起胎來。

教育部撥給的一萬元分兩期領到了，我們就用它來購置一所廠房和一些印刷材料，並向教育部借來一副殘缺不全的五號注音國字銅模，做爲基礎，就着手籌備起來。可是北平的國語小報的主持人，捨不得放手，只給了我們一架破舊的四開印刷機，其餘器材，遲遲不肯交出，不久遇到局面緊張，交通阻塞，教育部忙於應變，再也顧不了國語日報的前途，所以田次長培林就面告何容：「你們必須作自給自足的打算，千萬不要仰賴教育部給錢！」

臺灣諺語說得好：「窮人娶老妻——將就將就」，國語日報就在這「將就將就」的情形下，於民國三十七年十月二十五日勉强出版了「創刊號」；可是創刊號發行了後，因爲器材不足，印刷上發生問題，到了十一月十三日，纔繼續出版第二號，仍一直這樣苦撐下去，終因資金不足，設備簡陋，銷路無法打開，最後弄到不能維持，只好裁減員工，出賣廠房，把編輯、印刷、發行各部門，都移到設在植物園的省國語推行委員會來「合署辦公」，借重省國語會的人力，分擔工作，儘量節省開支，勉强維持出版，決心出一天算一天，到了實在維持不下去的時候，就讓它關門大吉。

就在這困難萬分的時候，國語運動的老前輩吳稚暉老先生到臺灣來了，我們向他老人家去請教，他老人家也想不出什麼妙計，只有一句簡單的指示：「我看你們應該把它當做一個社會事業來辦。」於是我們就請稚老領銜，由當時教育部國語推行委員會在臺委員陳懋治、汪怡、胡適、傅斯年、齊鐵恨、王玉川、何容等共同出名，聘請臺灣大學校長傅斯年、部國語推行委員會委員汪怡、陳懋治、省國語推行委員會主任委員何容、常務委員齊鐵恨、王玉川、梁容若、李劍南、祁致賢、王壽康、方師鐸、和熱心國語運動的本省人士黃純青、杜聰明、游彌堅、李萬居、洪炎秋等爲董事，於三十八年三月十三日正式成立董事會，推傅斯年爲董事長，洪炎秋爲社長，處理社務。後來傅斯年先生因爲校務過忙，難以兼顧，乃改選游彌堅先生繼任董事長，連任至今。

董事會成立了後，經濟問題雖然不能立刻解決，却有了可能解決的希望。那時候陳辭修先生擔任臺灣省政府主席，傅斯年跟他談起國語日報的困難情形，他答應設法支持。恰巧那時候省政府收到一筆指定用於教育方面的捐款，陳主席指撥其中的一部分，用於翻印三民主義有關的書籍，計三十萬册，分發各機關，各學校，要用注音國字排版。臺灣有注音字模的印刷廠，當時只有國語日報社一家，這一算生意，別家沒有法子承攬，自然落在國語日報社身上。國語日報社承攬了這一批印刷生意，除添置了一些印刷器材外，還淨賺了一千令的白報紙。報有了紙，就像人有了米一樣，生命可以獲得保障。從此以後，國語日報纔漸漸趨向健康，而一天一天地成長起來。

國語日報正在有點辦法，可以慢慢成長的時候，突然間遭遇了一個青天的霹靂，幾乎要被粉碎。因爲四十四年省國語會奉命遷讓會址，不得不播遷木柵鄉下去了。國語日報原來寄生於省國語會中，現在「皮之不存，毛將焉附」？遭此意外，幾乎弄到流離失所，幸虧這幾年來攢了一點錢，銀行信用又好，就設法在長沙街買了一棟三層樓房，於四十四年七月間搬了進去，擺脫了依人籬下的生活。

國語日報搬到長沙街後，董事會爲加强力量，以便自力更生，決定加聘羅家倫、田培林、黃啓瑞三位先生爲董事，於四十四年六月十九日召開第三屆全體董事會議，商議報社財產管理辦法，經決議：「國語日報社所有財產，係屬社會事業基金，應以全體董事爲管理人。其經營所得之利潤，必須用於國語推行事業，其使用方式，須經管理人過半數之同意決定之。」根據這個原則，訂定了「國語日報社財產管理人公約」六條，於是年十一月十八日由全體董事親自到臺北地方法院公證處去辦理公證手續。

國語日報遷出植物園後，因得同仁協力，逐漸發展，一切組織，未便再因陋就簡，爲使事業容易運營，而且爲了不便以「負責人」個人名義，登記所置產業的產權，遂於四十五年二月十六日或立「國語日報社股份有限公司」。四十九年經濟基礎漸臻鞏固，遂解散公司，改組爲「財團法人國語日報社」並加聘省敎育廳副廳長，國語推行委員會副主任委員，主管國民敎育科科長，和主管社會敎育科科長爲當然董事，共同推進業務。四十六年三月又在大理街添購樓房一所，增設注音國字的印刷廠，以服務各書局，推廣注音讀物。四十七年因報份增多，原有幾部平版印刷機，不够應付，遂向日本訂造了一部馬尼諾尼捲筒機，走上「小報大作」的路途。

長沙街和大理街是臺北市落塵量最重，空氣最汚濁的地方，環境也不適合於一個敎育性的報紙，於是我們逐漸攢錢，在四十九年四月買了福州街現址這一塊一百七十多坪的地皮，再經過一年多的儲蓄，就在五十年十月五日破土動工，到了五十一年十二月二十二日這一座連地窨子合計六層的大厦，就宣告落成了。近年來因爲報份逐漸增加，原有的捲筒機，又感到應付不了，遂向復興機械公司訂製了一架高速的國產捲筒機，於五十二年十月二十五日裝置完成。這一架國產捲筒機的速度，每小時可印對開報三萬份，也就是國語日報六萬份，對於爭取時間，又增加了一個利器了。

國語日報社搬進福州街大厦以後，爲提高兒童閱讀興趣，加强供應注音讀物，除發行報紙以外，又增設一個出版部，着手編印注音讀物，目前已經出版了四十五種。原設的服務部，也加强服務，仍由齊鐵恨先生領導，替各界解決有關國語的問題。我們的員工，也由二十多名發展爲一百七十五名。這是精神方面的建設，在物質方面，也有長足的進步。現在國語日報擁有大厦一座；捲筒印刷機貳部，對開印刷機三部，四開印刷機一部，電動鑄字機兩部；銅模則有新四號國字注音銅模一副，新五號國字注音銅模一副，老五號國字注音銅模一副，其他標題所用的常用字各號銅模，也備置不少。「工欲善其事，必先利其器」，我們現有的「器」，要來應付現在所從事的「事」，可說是綽綽有餘了。不過我們是不甘於「故步自封」的，總想「百尺竿頭，更進一步」，希望各界人士，賜予協力，加以鞭撻，來使臺灣成爲一個全國的國語教育的模範省。

（五十三年一月「社會教育年刊」）

也談惡性補習

提起惡性補習，不論朝野，無分上下，全都把它視同洪水猛獸，無不咬牙切齒，恨不滅此朝食。其實「紂之不善，不如是之甚」，只因這幾年來，它的名聲，被糟蹋得狼藉不堪，竟然成了一隻最好的代罪羔羊，幾乎可以說是「天下之惡皆歸之」的。看看整個臺灣，凡是弄不好的事情，都可以把責任輾轉推到它的身上去，實在方便不過。譬如兒童體位低落，就說是惡補所招來的；太保太妹到處橫行，也說是惡補的結果。七年前克難球隊，遠征韓國，七戰七勝，橫掃全韓，所向無敵，而今年警光和純德兩個國中最强的男女球隊，到了韓國，竟然都是六戰六敗，這對難兄難妹，各各扛了個大鴨蛋回來，體育界的負責人，也是依樣胡蘆，輕輕鬆鬆把原因歸之於惡補；眞叫人要套用羅蘭夫人的名句，高喊：「惡補，惡補！天下多少的罪惡，都假你的名來頂缸。

」老實說來，惡性補習，原是「古已有之」，不過「於今為烈」而已，值不得這樣小題大做。大家知道，我們幼小時候，一開了蒙，三字經就要我們「頭懸樑，錐刺股」，要我們「如囊螢，如映雪」；千家詩也有什麼「一寸光陰不可輕」咯，什麼「三更燈火五更鷄」咯，什麼「少壯不努力，老大徒悲傷」咯，無非是在那裏提倡惡性補習。

我們可以說，凡有考試制度，必定有惡性補習和它結成了不解緣。這個現象，不但今古同風，而且是中外一體的。記得四十五年前，我到日本東京去留學，就發見他們已經產生了一個「試驗地獄」的名詞，為要拯救在這地獄邊緣呻吟的苦難同胞，因此神田一帶，惡補機構，到處林立。在我到了東京後的半年當中，也曾經不分晝夜，輪流在正則英語學校、正則預備學校、研數學館、和國民英學會，分別接受惡補。據我的體驗，這四個惡補機構，不但沒有絲毫戕賊過我的身心，反而把我在臺灣自修所欠缺的東西，全都替我補充起來；尤其是正則英語學校的齋藤秀三郎先生所講授的英文法，和國民英學會的磯邊彌一郎先生所講授的 Gay Cottage 的講解，打下了我閱讀英文的基礎，使我一生受用無窮。後來轉學北平，想要投考北京大學，纔發見我在日本所學的中學課程，全都走了樣了，「酸素」竟然變成「氧氣」，「水素」變成「氫氣」，「優勝劣敗，自然淘汰」，也變成了「物競，天擇」，史地課本，更是面目全非，使我大起恐慌，覺得肚子裏面所裝的東西，如非費一番大力，加以「全盤中化」，就無法應付這個競爭劇烈的入學試驗，因爲當時的北大預科，雖然分有甲乙兩部，可是入學考試，完全一樣，國、英、數、史、地、理、化、博物，舉凡現在聯合招生甲、乙、丙三組所考的科目，全都要考，因此除了把腦袋中所記得的上千的日本名詞，必須全盤中化以外，還要把重點不同的史地的內容，從根調整，確實傷人腦筋。

「皇天不負苦心人」，幸而當時的北平，也是個惡補機構不算很少的好地方，尤以我所寄居的後孫公園的泉郡會館，靠近北京高等師範學校，該校裏面，每天夜間，有高年級的高材生，辦着各形各色的補習班，他們的目的，只在練習數學，不在營利，物美而價廉，課目如雲，任君選擇，包君滿意，因此，我又在那裏惡補了半年，居然一舉成名，高高考中了全國學子所羡慕的北京大學。由於這兩次的受益，我對於惡性補習，和時賢不同，不但不抱惡感，反而懷有好意。況且我的獨生男兒，由實小而建中，由建中而臺大，再由臺大而留美，一帆風順，從小就沒有受過惡補的困擾，下月還要在洛杉磯成家，使我可以敬步某大詩翁的後塵，搖頭晃腦，高吟他的佳句：「此時媳得名門女，他日孫成美國人」，從今以後，更可以永遠和惡補斷絕因緣，跳出這個是非圈，原可不必爲它去多費筆墨了。

可是世界就是那麽奇怪，總是「不如意事常八九」的。我那賢慧的準兒媳，湊巧也是個獨生女，和我那寶貝兒子，眞是門當戶對，半斤配上八兩，驢唇恰對馬嘴。更奇怪的，是他（依照時下的惡例，應該加一個「（她）」字，如要西化，還須把「她」和「他」，掉一箇）們雖然身在邦，却硬是不肯「全盤西化」，一對腦袋，還都仍然殘留着許多「國渣」，忠孝之心，絲毫未曾泯滅，最近聯名來信，說他們學業告一段落，絕對雙雙回來，好為國服務，奉養兩家四老，義正辭嚴，叫我無法批駁。這樣一來，我百年過後，有兒子，兒媳，可以送我上解剖臺，一切安排，可以照我的宏願，辦得格外妥貼，免去身後之憂，原來是件好事；不過反面却也給我一個打擊，因為我那個做「美國人的祖父」的美夢，怕要落空，至少是會部分落空，那麼，我那些中國籍的孫子、曾孫、玄孫們，仍舊逃不掉惡補的折磨，自然又要成為我切身的問題，不容我採取「秦人視越人之肥瘠」的態度，擱下不管了。在一般人眼中，這個問題，大概是相當嚴重的，連前年移民美國，可能不再回來的勞榦教授，也在洛杉磯加州大學，擠出他的寶貴的時間，撰出一篇題名「惡性補習問題」的文章，投登文星第七十八期，提出一個妙案，要來替這些不相干的孩子，解除痛苦，使我大受感動，被他引起動機，也想寫出幾個字，來做補充。

據勞先生的分析，惡性補習發生的原因，不是小學問題，而是大學問題，因為社會把大學當做職業學校，所以大家要考好中學，進而考好大學，以便謀得薪金較高的職業。針對這個現象，解決惡性補習的辦法，在於在大學以外，開拓更多更好的路，等着青年去走。這些有前途的路，就是各種不同職業的路。例如大學教授拿一千元大頭一月，一個工程師也拿一千元大頭一月，一個技巧熟練的工人也拿一千元大頭一月，這一千元大頭，可以住洋房、坐汽車，享有一切新的設備，一個售貨員也可以漸次混到經理，生活也相當舒服，在這樣狀況之下，那就大學入學競爭性少得多了，惡性補習自然消滅。所以惡性補習要由經濟事業來解決，千萬不可以對於教育方面求全責備。按照勞先生的說法，大學教授大學畢業後，必需再研究四五年，還要在大學執敎七八年，纔能熬得出來；工程師只要大學畢業，實地做一兩年事，就可以混到；熟練工人只須高中程度，大約經驗三年，也就成了；推銷員不須任何學歷，要混到經理，也不受年限的拘束，只要有本領，有機會，是隨時可以躋上的。這幾種職業用力不同，而都能够獲得同樣的享受，大家就不會一窩蜂向大學去擠，惡性補習自然就可以不消而自滅了。

勞先生所開的，不失爲一個良好的藥方，可是他忘記了我國一句古諺：「藥方易開，藥引難求」，要服他這副藥，必須有一個藥引纔成，那就是要有一個像美國那樣繁榮的工商業社會，有了那樣的社會，纔可以使任何人都可以有一種「此處不留人，自有留人處」的安全感，自然就不會爲要考好中學、好大學，而去自找煩惱，而去爲惡性補習所困擾了。勞先生所開的雖然是個好藥方，可是這個藥引，却不容易得到。我們這裏，要趕上美國那樣的「景氣」，雖然不能說是烏托邦，却也不是二十年、三十年可以一蹴而到的，「俟河之淸，人壽幾何」？只好「卑之，無甚高論」，不得已而求其次了。據我愚見，「解鈴還是繫鈴人」，敎育所造成的問題，還應該由敎育自己去設法解決，不能盼望經濟事業來越俎代庖。怎樣解決呢？我以爲第一要從觀念來糾正，第二要從制度去設法。

我們一般人對於教育的觀念，就像勞先生文中所說的那樣：「現在社會上把大學當作職業學校，大學旣然成爲職業學校，爲着謀薪金較高的職業，只有上大學這一條路。」這個觀念必須首先糾正。我們應該讓大家知道，我們雖然有許多地方和美國不同。不過想要得到薪金較高的職業，一樣是能力比學歷要緊。如果想要研究高深的學問，自然是以上大學比較方便；如果只是想要做大事，發大財，甚至做大官，大學教育的幫助，實在是微乎其微的。美國大企業家卡內基，十二歲就失學，跟他父母由蘇格蘭移居美國，從一個紡織廠的火夫，打起他的天下，結果成爲鋼鐵大王，他不但懂得怎樣賺錢，而且懂得怎樣把所賺的錢，用在社會公益上，爲美國的富翁樹下優良的楷模，實在是近代一個了不起的偉大人物，可是他不但沒有唸過大學，連中學的門都沒有進過。煤油大王洛克裴勒和汽車大王福特，也都只受過義務教育而已，全沒有用上學歷做敲門磚。遠在天邊的美國，且不再去說它，就隨便在近在眼前的臺北，舉個例子來看看，也可以發見同樣的事實。連中學都沒有好好上的李建興、陳查某、黃烈火諸先生在企業界中的成就，絕不比在英、美、德鍍過金的林柏壽、黃朝琴、嚴慶齡諸先生，有絲毫的遜色。如果叫我來打分數，要是前三位可打一百分，那麽，後三位給予七十分也就够客氣了，因爲前三位都是光着屁股憑着一雙白手，從平地闖出他們的天下來的，而後三位則席豐履厚，有鍍金的履歷做招牌，有祖先的遺產做基礎，還有政治的力量做背景，出發點佔了許多的便宜，所得的分數，自然應該大大打一個折扣，纔合乎 fair play 的原則。

數年前有個臺大的畢業生，考上了合作金庫的職員，上班後跑來告訴我，他們合作金庫的人事安排，眞正不合理，是個小學管中學，中學管大學的機構，因爲理事長李連春先生是個「公學士」（日據時代，初等教育分成兩種，日人入的叫小學校，省人入的叫公學校，因此大家戲稱公學校畢業生爲「公學士」），總經理林世南先生也不過是個三年制的商工學校的畢業生，而下面成千的大專出身的職員，却要任由他們頤指氣使，言下頗表不平。我說：小老弟，你錯了。事業機構要的是能力，不是學歷，要的是能夠解決問題的眞刀眞劍，而不是書本上的空洞理論，李連春、林世南兩位，比起你們來，能力强，會辦事，自然應該高踞你們的頭上，這有什麼不合理？尤其是李連春先生，他爲什麼能够官居二品，連任十幾年的糧食局長，成爲省政府高官中唯一的不倒翁？就是因爲他有一套國家最需要的本領，能把一連串的數目字背誦如流，能把軍糧、官糧，供應裕如，難怪同做糧食局長，留美專家的趙連芳博士，只能做個短短的時期，就得下臺鞠躬，而李連春「學士」，却成爲歷屆省主席所不可缺的股肱。由此看來，要做大事，固然不必經由學校，要做大官，也照樣不須往學校去擠。君不見蔣渭川先生不也是個「公學士」嗎？他做了好些年的內政部次長，不也做得滿神氣嗎？「我的朋友」連震東，公認是本省人中最會做官的，凡是本省人可做的大官，差不多都讓他老先生去試一下。做官以前，他曾經在東京名實不符的貴族學校慶應義塾鍍過銀，從小學部而普通部，而大學部，一鍍就是十六年，又參加八年抗戰，吃盡苦頭，再在宦海中打轉了十多年，纔熬上一個內政部長，比起蔣渭川次長來，只不過大了一小點點而已；花了那麽多錢，費了那麽多事，讀了那麽久的好學校，只贏得了這樣的一個比照，眞可以說：「百無一用是書生」，可以做我的「大學無用論」的好註脚。連震東還算是讀書人中少有的幸運兒了，日前某報登載一段特寫，說是記者在某一個麵攤吃麵，偶然和擺麵攤的老板談到一個法律問題，這個老板說得頭頭是道，條條有理，細加盤問，纔知道他竟然是日本某大學出身的法學士。可見生不逢辰，任憑你讀過多少年的詩云子曰，也只好淪落風塵，任由斯文去掃地；如果時來運轉，際會風雲，則縱使是一個不學無術的酒囊飯桶，也照樣可以「朝爲田舍郎，暮登天子堂。」

臺灣人的情形比較特殊，不再去說也罷，現在回頭來看看內地人的狀態，也一樣可以證明我的「大學無用論」的正確性。大名鼎鼎的王雲五老先生，就是個最好的例子，他的學歷更妙了，竟然連李連春、蔣渭川兩「學士」都比不上！據他在「談往事」中所自述，他老先生只讀了兩年多的私塾，再跟英國人布茂林先生讀了七個月的英文，全部學歷，一榻括子，如斯而已，而他老先生所做的官，你猜有多麽大？他坐過行政院長的金交椅，就是古代的相爺，借句法門寺賈桂老公公的話來說明，是個在「一人之下，萬萬人之上」的官兒，你說大不大？他老先生中年時代，曾經接辦商務印書館，也搞得有聲有色，對於中國的文化界有過莫大的貢獻，可見他老先生不但會做大官，而且會做大事。談起學問，更是了不起，他老先生可以在國立大學的研究所，指導學生寫博士論文，再借句賈桂老公公的話來形容，眞是「够瞧半天」的。由此看來，不但賺大錢、做大官、做大事的本領，不是學校可以培養出來的，就連做大學問，也一樣不必依靠學校教育。

不但如此，世界上有許多大發明家，也不是學校教育造就出來的。發明蒸汽機關，成爲火車、輪船之祖的瓦特，從小多病，纏綿牀褥，連小學都沒有好好讀完。發明電燈、電影、話匣子、有聲電影等等的愛廸生，也只有小學的學歷而已。發明照像的乾板、軟片、以至五彩照片的伊士曼，在他十五歲受完義務敎育的時候，就到銀行去當小工友，他的許多有關照像的破天荒的大發明，是在他母親的廚房裏面搞出來的。美國發明飛機的萊特兄弟，也沒有一個上過大學，結果却獲得了法國最高學術機構國立法蘭西研究院的學術奬金。可見事在人爲，絕對不需依靠學校。記得著作等身的英國大文豪蕭伯納，在他接受諾貝爾文學奬金的時候，記者問他：「老先生您不過是個小學畢業生，怎麽會有今天的成就？」他回答說：「自修，自修！不斷的自修！」我的teacher n law趙麗蓮博士，敎了四十多年的大學，這次決定「交棒」，她留下「自立」(Never depend upon anyone but yourseelf）兩個字，做爲對學生的臨別贈言，不失爲一個老教育家的賢明的指示。如果一般學生的家長懂得這個道理，把他們處處依靠學校，依靠教員的觀念矯正過來，大家不再硬往學校那個窄門去擁擠，那麼，惡性補習就可以不消而自滅了。

除了在觀念上下工夫以外，還必須把咱們那套注重形式的教育制度，加以一番大改革。我們現行的教育制度，一定要國民學校畢業，纔能考初中，初中畢業，纔能考高中，高中畢業，纔能考大學，定下死板板的一條窄徑，叫你非拾級而登不可，縱有天大的才學，如果缺了一張文憑，就無法升學；連構想中的空中教學，也要納入形式，定出許多無謂的拘束，眞是要不得。此後應該打破形式，注重實力，採用文官考試的辦法，制定幾種資格檢定試驗，獎勵獨學的風氣，不管你是自修，是補習，是函授，是空教，只要你有初中的學力，年齡屆滿十五歲，不需要任何文憑，就可以參加初中畢業資格的檢定試驗，部分科目及格，可以保留三年，不必重考，全科及格，即發給證書，可憑以投考高中；高中畢業資格的檢定試驗，投考者可限定初中畢業生，或初中畢業資格檢定試驗合格者，以防躐等，其他比照初中檢定辦理，及格後可以投考大學。這樣一來，條條大路通大學，大家就可以不必往正式中學去死擠，可以從從容容坐在家裏想辦法，惡性補習的流弊，縱使不能全滅，至少也可以大大減輕了。大學的擁擠情形，可以採用戰後日本的大學函授辦法來疏導。函授教育日本叫做通信教育，這是五十多年前就有的，不過戰後纔把它正式納入學制的系統，可以獲得有效的資格。日本的大學通信教育，依照文部省的規定，除了不能設立大學院（研究所）的課程和以實驗實習爲主的課程以外，一切可以依照「大學設置基準」辦理。正規學生必須是高等學校（高中）畢業生，或參加政府每年舉辦的「大學入學資格檢定試驗」（即高中學力檢定，合格者可以投考全國任何大學）或各該大學自己舉辦的「大學入學資格認定試驗」（及格者只能投考各該大學）的合格者，這種學生可以取得正式的大學生資格，在家按照大學發給的課本和學習指導書去自修，按照大學指定的日期和地點，去接受試驗，經過三年，如果能夠修完九十二單位（等於大學三學年間必修的單位），再去大學接受三十單位的面授作業(schooling)，就可以畢業，獲得學士的學位。換句話說，就是他們可以在家自修三學年份的函授課程，再去大學接受一學年份的面授課程，考試及格，就可以畢業，和正統的大學畢業生，取得同一的資格。這種面授課程，不管是正式入學，或在夜間部酌量選修，或在暑期學校分年學習，不拘期間，只要湊得三十單位，就都有效，所以非常方便。

中學資格檢定試驗，可以免去許多假造文憑的罪犯，於公於私，有益無損，是個惠而不費的好制度，我在三十多年前，曾經爲此寫過一篇文章，投登「現代評論」，並蒙主編胡適之先生在後面加了一大段附言，以爲那時候的大學入學考試，中學課程，樣樣都考，本身就是一個檢定，用不着多此一舉，簡直可以把資格限制，連根拔掉，讓有本領的好漢，花兩塊錢報名費，誰都可以前來一顯身手。可惜曲高和寡，得不到任何反應，一擱就是三十幾年。至於日本的大學通信教育，我早就在日文報上，獲知一個大概，認爲是窮人最好的一個窮辦法，一直神往，幸而七年前臺大休假，有機會到歐美去考察，彰化銀行又幫助我一筆旅費，得以繞道東京，在那裏費了六天的工夫，實地調查，搜集了一大綑資料，在美國悉心整理，草出一篇報告，登在第一八〇期和一八一期的「文化與教育」週刊，希望有人注意，結果也是白費心機。這大概是由於我國官場，素來就有多做多錯，少做少錯，不做不錯的優良傳統，行憲以後，又來了一大批全知全能的民意代表，遇事掣肘，十分難纏，自然就形成了一個「發言盈庭，誰敢執其咎」的局面，所以不管你在報刊發表了什麼高論，看的人不過說聲：「放屁，放屁！」寫的人也只好搖搖腦袋，接說一聲：「眞正豈有此理」了。

不過話雖這樣說，天下的屁，有時也不一定盡是白放，偶爾也會發生一點影響的。半年前我曾經在中央日報副刊發表過一篇文章，提倡死後捐屍，供學醫的學生去解剖研究，以增進後死的幸福。後來居然獲得兩個同志，死後遺言，要捐屍體給醫學院，一個是自殺的，一個是善終的。據報上說，自殺的那一位，是南部的單身的基督教徒，已由他所屬的教會，遵他遺言，把屍體運交臺北醫學院了。那個善終的，報上只登一次，沒有下文，他的家屬，是否照辦，不得而知。總而言之，有了這個反應，就算「吾道不孤」，就算我那個屁，不是白放的，教人不得不叫聲：「

不亦快哉！」這是一次，另一次是十多年前的舊事。那一年錢賓四先生從香港來臺灣，　總統在臺北賓館給他接風，請他吃飯，邀了臺大和師大十幾個教授作陪，我也叨光敬陪末座。那一天　總統的心情特別愉快，飯後依照陪客名單，逐一呼名請教，大家事先誰也沒有防備着他老先生這一手，所以不是說幾句不着邊際的應酬話，就是老油條地唯唯遜謝，等到點到名下，我這初生之犢，不識老虎，又不懂得「多磕頭少說話」的哲學，有那麼多的好處，就冒昧起來發表高論，我說：「現在臺灣有個怪現象，就是會寫書的人，沒有法子出書，要讀書的人，沒有書可讀，因爲臺灣市場過窄，出書是個賠錢生意，所以弄成這個樣子。希望　總統登高一呼，由公家設立一個出版機構，只要是好書，不怕賠本，一定要出，那麼，清苦的學者，可以因此得些稿費，補貼家用，而勤奮的學生，也就不怕沒有好書可讀了。」沒有想到，　總統聽完我的話，竟然連連點了三個頭，說了三聲好，使我受寵若驚。經過一個禮拜，我在臺大遇見了同做陪客的姚從吾教授，他告訴我說：「你對　總統的建議，已經發生效果了。張曉峯秘書長正在黨部籌備成立一個中華文化出版委員會。」過了不久，該會果然掛出招牌，數年之中，陸續出了五六百種新書，雖然自從張先生離開了教育部，該會經過一番改組，已是「人存政亡」，可是它使我知道眞正有「狂夫之言，聖人擇焉」的事實，給了我很大的鼓勵，使我很想如再遇到「詢于芻蕘」的機會，必定多多做些「芹曝之獻」，以上答盛意，只可惜自從那次宴會以後，　總統硬是不肯再請我陪客，我這一肚子的「嘉謀嘉猷」，自然無由「上達天聽」，只好任它胎死腹中，讓臺灣這二三百萬「民族幼苗」，暫時要委屈一些時候了。

（五十三年七月「文星」）

和臺大同學談畢業典禮

前天報載，臺大一羣應屆畢業的學生，寫信給錢思亮校長，提出兩個要求：㈠希望校長先生在他們告別母校時，給與「寶貴的訓示」，並希望能在畢業典禮時，得到一份書面印妥的演說全文。㈡希望校長先生能敦請　總統或行政院長或至少是部長以及專家學者，在他們舉行畢業典禮時，蒞會觀禮，並即席發表簡短精闢的演說。這羣學生的這種要求，是很有道理，不足怪異的。因爲學貫中西，足跡遍及全球，「參加過多次的歐美各大學的畢業典禮」的鄭震宇敎授，曾經指示過他們說：「大學畢業典禮，是一件何等隆重的事件，尤其是國立大學。」不過宇宙之間，事事物物，都會像鄭敎授所說的那樣，「每一個場合，可以成爲極有意義的，也可以成爲毫無意義。」因此，某些人認爲極有意義的事情，另一些人也許要把它看做毫無意義；相反地，某些人看爲毫無意義的事情，另一些人却要把它當成極有意義。「仁者見之謂之仁，智者見之謂之智」的成語，就是這樣產生出來的；對於大學畢業典禮的看法，自然也不能够脫離這個範疇。

據鄭教授所說：「畢業典禮在英文爲 Commencement exercise，其意義爲開始練習。換句話說，事業或人生的開始，過去都算準備，今後纔是眞正的開始。愼始然後善終，還不一定能保善終。但是沒有愼始，則可斷定決無善終的道理。」因爲有着這樣一個前提，所以他認爲「大學畢業典禮，是一件何等隆重的事件，尤其是國立大學。」可是在我看來，大學的畢業典禮，和臺灣人的吃拜拜一樣，只是有閑階級的一種生活點綴而已，沒有太大的意義；有了它，可以使寂寞的人生，多獲得一次的熱鬧；沒有它，絲毫無傷大體，更不能因而「斷定決無善終的道理」。據個人的體驗，沒有這個「愼始」，絕對仍可獲得無可比擬的「善終」，因爲我是我國最早創立的國立大學——北京大學的畢業生，我在這個大學讀了六年半書，壓根兒就沒有看過它舉行過一次甚麼畢業典禮，可是它每年所送出的那稀稀疏疏的二百左右名的畢業生，却大都能够有多少的表現，對於國家，對於社會，都會有一些或大或小的貢獻。縱觀五十年來的中華民國，無論任何一樁大事件，任何一個大機構，總不能沒有幾個我們北京大學的出身者，在那裏面，或扮要角，或跑龍套。臺灣大學歷任校長當中，包括日本竊據時期的臺北帝國大學的總長在內，搞得最爲有聲有色的，應該推傅斯年校長，而傅斯年校長就是這所沒有「愼始」的大學的畢業生。所以我敢武斷：大學的畢業典禮，是個可有可無的儀式，應該以輕鬆愉快的心情來處理它，不必小題大做，過事張皇；因此對於同學向錢思亮校長所提出的那兩個要求，也就使人感到很有商量的餘地了。

第一、要求錢校長在典禮中，給與「寶貴的訓示」；對這一點，我認爲「寶貴」這兩字，本身邊無標準，叫人怎樣交卷？在我看來，錢校長每年反覆叮嚀的那一套「希望同學畢業後就業，不要選太難、也不要選太易的工作，不要計較機關之大小、待遇之厚薄、及離家之遠近，應注意工作之有無意義，其次要與人合作云云」的老生常談，就夠寶貴，如能達到，就夠理想了。大家知道，中外事情，有許多是不能一概而論的。歐美的一些有名的大學，像牛津、像劍橋、像哈佛、像耶魯，大都不是貴族就是富豪的子弟就學的機構，他們的學生，大都有門閥做背景，即使不然，也有同學先輩可攀援，一出校門，海濶天空，可以任由他們飛躍，所以在他們的畢業典禮上，校長可以指示他們一些治國平天下的大道理，指示他們怎樣去做大事，怎樣去做大官，甚至於怎樣去賺大錢；這類的訓示，在他們看來，自然都是很寶貴的。反之，我們由聯合考試招來的大學生，大多數是市井升斗細民的子弟，他們總是把大學當做職業教育機關，以大學爲就職的踏脚石，一出校門，最主要的目標，是找個飯碗，好來奠定成家立業的基礎。因此在他們畢業的時候，錢校長把那一套老生常談，加以反覆叮嚀，我認爲最切實際。在這畢業即失業的年頭，校長對於他們的臨別贈言，如果陳義過高，期待過殷，一定會使這些畢業同學，出了校門，感到無處施展，結果只能陷他們於失望的深淵，加重不滿的情緒，非徒無益，而且有害。舉個實例來說明吧，我姐姐有一個男孫，是個體格强健，品行方正，性情溫和的小伙子。前年臺大政治系畢業，去年軍訓結訓，他不計機關之大小、事務之難易、待遇之厚薄、和離家之遠近，更不問事情之有無意義，曾經求我替他拜託連震東、黃朝琴、吳三連、黃烈火這些有辦法的朋友，代找一個位置。找了一年，毫無結果，到了最近，只好乖乖地到一家油漆行，去做那初中學生就可應付裕如的小事。試問：處在這樣一種情況之下，無論校長給了他一篇多麼「寶貴的訓詞」，他能夠拿來當飯吃嗎？至於印刷不印刷，更是多餘的問題了。

我們的教育，自古以來，就極注重「身教」，而看不起「言教」。論語有一段話，描寫孔子的教育態度說：「子曰：『予欲無言。』子貢曰：『子如不言，則小子何述焉？』子曰：『天何言哉？四時行焉，百物生焉。天何言哉？』」可見理想的教育，應該在潛移默化之中下工夫，使學者如坐春風，如沐化雨，「不識不知，順帝之則」；不能夠臨渴掘井，要用一篇急就章，來影響他們的一生。孔子誇讚「剛毅木訥」，而痛斥「巧言令色」，原因就在於此。

在我一生聽過的演說家中，覺得沒有一個比汪精衛講得更好的。他講演時用的雖然是廣東官話，可是態度眞摯，聲調悅耳，內容豐富，辭藻美麗，又最會因時制宜，見人說人話，見鬼說鬼話，所以極爲青年學子所嚮往。上了年紀的人都知道，三民主義原是北方頑固份子所不肯接受的思想，可是民國十四年汪精衛追隨　國父到了京津，做過幾場講演，三民主義的研究風氣，因而風靡一時。我的窗友何容，在他叫做何兆熊的時代，就是聽了汪精衛的講演，因而信仰三民主義，因而加入國民黨，因而參加北伐，至今身上留下一片瘡疤。可是會給何容那麽「寶貴的訓示」的汪精衛，結果却證明出他不過是個特大號的漢奸胚子，眞眞合了古人所說的「鸚鵡能言，不離飛鳥；猩猩能言，不離禽獸」的譬喩，使人知道「不可以人廢言」，更「不可以言擧人」，知道所謂「寶貴的訓示」，如果不是由衷的心聲，而僅僅是應付一時的花言巧語，最後一定會使聽者感到失望，那是有不如無的。

拿錢思亮先生來和傅斯年先生相比，誰也不能不承認他是個質樸無華的平庸的校長；可是在那平庸之中，却另有一種可愛可敬的作風，仍有不少値得取範的行爲。他以一個非國民黨員的機關首長，就職十多年來，對於上上下下，裏裏外外，能够適應得妥妥貼貼；他在經費頗顯困窮的情況中，能够不斷加添科系，增設研究所，新建這個館，那個館；能够在一個擁有一千九百多名的敎職員和近萬的丘九的大機構中，把這一堆最難應付的知識份子，安排得風平浪靜（小漣漪是不能免的，這是大小機關共有的通病，臺大自難例外）；他做事謹愼，說話負責，臨財不苟，大有漢人譏刺清官孔奮「身處脂膏，不能自潤」的悲哀。對於這樣一個實行易經所垂示的「庸言之信，庸行之謹」的不敢信口雌黃的老實人，硬要迫他在畢業典禮中，擠出一篇言不由衷，而可以使大家認為絢爛動人的「寶貴的訓示」，到了頭恐怕是非失望不可的。

歷任臺灣省的行政首長，在他們就任的時候，照例都愛提出一個口號，做為施政的鵠的。除了嚴靜波先生和周至柔先生的，一時想不起來以外，其他各位首長的口號，我都清楚記得。陳公治長官的是：「不偷懶、不撒謊、不揩油。」魏伯聰主席的是：「安定中求進步。」陳辭修主席的是：「人民至上，民生第一。」黃達雲主席的是：「崇法務實，愛國愛民。」其中最叫本省人失望的，是陳長官的三不主義，因為對這數百萬剛從五十多年的外國統治下解放出來的人民，所提出的施政方針，竟然是連小學生都應該做到的「不偷懶、不撒謊、不揩油。」可是盱衡全省二十年來的政績，別的首長所提的醒人耳目的口號，都是或多或少，能够達成目標，只有陳長官所提出的這個平凡無奇的三不主義，始終未有成就；可見天地之間，有許多三歲小孩懂得，八十老翁做不得的事情。從前張釋之有一次在漢文帝面前，高談濶論，正在講得天花亂墜的時候，漢文帝聽得不耐煩，認為空言無補，不切實際，就喝止他說：「卑之！勿甚高論！令今可施行也。」奉勸各位同學，還是學學漢文帝，揚棄高論，脚踏實地，聽聽錢校長那套「今可行也」的老生常談吧。

我們要知道，許多老生常談，常常是天下的至談；許多淺近道理，常常是天下的至理。吳稚暉先生二十五歲時考入江陰南菁書院，看見山長黃以周書齋壁上，寫着「實事求是，莫作調人」

八個大字，非常欣賞，一生行動，全憑它做南針，終於成爲近代罕見的完人。黃以周的這個平平實實，毫不驚人的標語，竟因吳稚暉的努力奉行，而變成一個「寶貴的訓示」。論語有一段話說：「子貢問曰：『有一言而可以終身行之者乎？』子曰：『其恕乎？己所不欲，勿施於人。』」「恕」這個字，也是孔子屢次提到的老生常談，看來平淡無奇，可是無論修身，無論齊家，無論治國，無論平天下，卻都少它不得。只因缺少了它，施顯謀就在巴黎鬧三角，陳雪琴就在臺北打官司，把他們一家，幾乎搞得鷄犬不寧，天翻地覆；現在運用了它，於是這些歡喜寃家，就都言歸於好，皆大歡喜，各得其所，化乖戾爲祥和。國和國之間，也是如此。世界上這一百十幾個國家，如果大家都能够奉行恕道，都能够本着「己所不欲，勿施於人」的方針來行動，那麼，所有原子、氫氣這類的武器，自然就都派不上用場，也就用不着聯合國的組織，更無需乎什麼安全理事會這種烏煙瘴氣的機構了。可見世上許多老生常談，如果能够體會奉行，也自有它不可磨滅的價値，不需要好高騖遠，去追求甚麼「寶貴的訓示」了。

第二、希望校長先生能敦請　總統或行政院長或至少是部長以及專家學者，蒞會觀禮，並即席發表演說這一樁事情，我認爲也是多此一擧，値得商討。今　總統蔣公是中外歷史上不世出的偉大人物，青年學子想要瞻瞻丰采，接接謦欬，用意很好，無可厚非，只是　總統日理萬幾，又處此動盪不安的嚴重局面，爲人民的，絕對不應該以這樣一個典禮，來瀆煩他老人家的精神，所以對於此點，應毋庸議。至於拿着傖夫俗子邀請高官顯宦證婚剪彩的心情，要求校長去約請至少部長來替你們裝點門面，以爲光榮，未免見解鄙陋，糟蹋自己過甚，將置你們的師長於何地？須知我國傳統，認爲値得敬重的，只有天、地、君、親、師，高官顯宦，是躋不上這個行列的。宋羅大經的鶴林玉露中，有「無官御史」一則說：「太學古語云：『有髮頭陀寺，無官御史臺』言其淸苦而鯁亮也……。」頭陀就是和尙，他們必須耐得生活的淸苦，那是盡人皆知的；至於御史，是怎樣一種性質的官呢？却須硏究一番。據通典的說明：「御史爲風霜之任，彈糾不法，百僚震恐，官之雄偉，莫之比焉。」唐會要也說：「御史臺臨制百司，糾擧不法。」由此看來，古人認爲應該由你們的師長去加以臨制，加以彈糾的官僚，而現在你們却要逼迫校長，去敦請他們來高踞臺上，君臨你們的師長，面對他們，演說訓示，大放厥詞，引以爲榮，未免不思之甚了。

所謂官僚這種東西，不但古人輕視，就是現在玩世不恭的幽默文士，也是時常要拿他們來做嘲弄的材料。人間世本月號的封面，就有幅圖畫，畫着一座高牆，牆根一個狗洞，有一個穿着公服的體面人，趴在那兒，拚命往洞裏鑽；圖畫旁邊，寫着兩句詩說：「古今廊廟風雲客，大半牆根鑽進來。」看了這個封面，就可以使你們知道這種鑽牆根的風雲客，一斤値少錢多了。至於專家學者，原是應該多多請敎的，不過我們校中，有的是各種學會，本來可以時常敦請他們來會講演，不應該「平時不燒香，急來抱佛脚。」臨到畢業，纔想起要請他們來做陪賓，難免有些失禮。總而言之，對於臺大的畢業典禮，我是另有一番意見的，現在就借用兩句古語，提出一個建議「仍舊貫如之何？何必改作！」

（五十四年七月　文星）

附錄

參加臺灣大學畢業典禮有感

鄭震宇

每一個場合，可以成爲極有意義的，也可以成爲毫無意義。本來應該是極有意義的場合，可以變成極無意義的；相反地，本來極無意義的場合也可以成了極有意義的。一切在人，在參與的人。今天在我們社會中，有意義的場合太少了。本來極有意義的，已多半變成沒有意義了，本來沒有意義的更不必說了。這表現什麽？表現世故深呢？表現一切皆空呢？表現不過如此，即有意義又將如何？可是，不該那麽認眞，那麽狂熱的場合，却又有人正趨之若鶩，如醉如癡，却又是表現些什麽？

英國的歷史家麥柯利在他的不朽之作英國史中說過，英國的民族性最值得讚揚的是「求知，勇於存疑。」(Aspire to know, dare to doubt.)，我國古聖的遺訓：「止於至善」。對於一切事物的態度，應該如此。對於個人自己的態度也該如此。我想本此精神，來檢討我們所處的社會，我們的環境，對於一切已爲習慣所造成，認爲理所當然者，願存懷疑的態度，明其所以然之理，更進而求其如何更爲合理而終止於至善。假若不免有所指摘或批評處，必根據事實，出於善意，提出積極建設之意見，樂與人爲善。

交代過緣起，轉入正題。

大學畢業典禮，是一件何等隆重的事件，尤其是國立大學。對學生來說，是他們生命中極值得紀念的一個日子。畢業典禮在英文爲Cemmencement exercise，其意義爲開始的練習。換句話說，事業或人生的開始，過去都算準備，今後才是眞正的開始。愼始然後善終，還不一定能保證善終。但是沒有愼始，則可斷定決無善終的道理，西洋有句成語，好的開端即成功一半，Well begun half done，也可譯爲愼始思過半矣。所以在今天應當給畢業同學以何等印象，使他們終身不忘。對社會來說，國立大學，現在在復興基地的臺灣，本來就沒有幾個，是人才所由出，而人才又是國家社會興衰之所繫，應該如何爲政府當局及社會人士所極端重視，然後才能蔚爲風氣，挽救目前之浩劫，促進人羣不斷之進步。現在請言今天（六月十六日）國立臺灣大學五十二學年度之畢業典禮。

典禮規定上午九時開始，但沒有守時，直至九時廿五分鐘才宣布開始，在凡事皆無所謂的社會中，沒有時間觀念，安於現狀乃至習於退化，此瑣屑之事，簡直不值一談。但在我個人看來，這是大事，極值重視。這是我們精神的表現，生活環境的表現。如果不求改進，習以爲常，人人皆視爲當然，毫無足怪，則即此一端，吾人離現代化之程度遠矣，再以此以窺吾人之生活，亦可思過半矣。日俄戰爭前夕，有一故事，日本海軍軍官登俄國軍艦參觀，見砲身灰塵堆積，即斷定其窳敗不堪一擊。德國第一次大戰之後，賴「合理化」Rationalization 一字，以復興德國。規定九時，遲延至九時廿五分鐘才能開始，這是復興所應有的振作精神呢？抑是「俄國軍艦砲身灰塵堆積」的精神？能說是現代化、「合理化」嗎？而此事是不是那麼困難而不能辦到呢？當然不是，容易辦到而不能辦到，所以更嚴重，「非不能也，乃不爲也」，嚴重在此。假若有人問我應該怎麼辦？我答覆畢業同學，我所能指揮管理者，絕對九時前十分入場，絕對準時開始，其他來賓不必等候，這予畢業同學以何種深刻的印象！這本身就是教育！杜威說教育爲生活，生活就是教育，(Educatihn for life is education in life)。假若有人說人數多，不易做到，這無異於承認我們沒有組織的能力。區區一千多人我絕對不相信我們沒有此組織的能力。總之，守時是現代的起碼精神與生活態度，在國立大學的畢業典禮中不能做到這一點，不能不說是一件遺憾的事。假若以此觀察一個社會，我們更怎樣可以認爲這是一件無關宏旨的小事呢？整個社會風氣是互相激盪，互相影響的，讓我們就從這小處易處做起吧！

第二、我要提出的，我們政府似乎未予國立大學畢業典禮應有的重視。今年國立臺灣大學畢業典禮未見教育部長蒞臨，由姚次長代表發表演說，據錢校長報告，黃部長赴鳳山參加軍官學校校慶去了。我不知道應當怎樣說法。我只想說歐美各國政府當局中人常常選擇著名大學畢業典禮的機會發表重要演說，發表關係國家前途，及關係世界人類前途的演說，以鼓勵後起的一代，使他們明瞭他們的責任是何等的重大。往年，就是教育部長參加了，我們也還覺得政府更負責的當局是否也可以考慮每年選擇一個國立大學或著名的私立大學，參加他們的畢業典禮，發表演說，我相信其影響的深遠，我們今天無法推測。誠然，過去都沒有做，但只問對不對，該不該，有沒有意義，過去沒做，現在做，才需要，才有意義。一代的風氣將從此改變亦未可知。

第三、錢校長今天的致詞，據他自己說每年都如此，希望同學畢業後就業不要選太難、也不要選太易的工作，不要計較機關之大小、待遇之厚薄，及離家之遠近，應注意工作之有無意義，其次要與人合作云云。錢校長的態度非常誠懇眞摯，有如家人。這些話，句句都對，能做到却也並不十分容易。但是我們覺得單單就是這些，還嫌不够。今天大學畢業生，研究所畢業生，你說連這些基本道理都不曉得嗎？那我們大學教育應該算是失敗了。提醒一句，再爲叮嚀，當然也有必要，若捨此以外，國立大學校長即更無可以說的題目，我們覺得不應該貧乏一至於此。大學畢業生今天對於智識的饑渴，對於靈性的啓發，對於當代問題的了解，是何等的迫切。校長本來與同學接觸的機會即不太多，每學期開學時似應有一次公開的演說，闡揚敎育宗旨及重要方針，每年一度的畢業典禮，更應有堪爲同學一生受用的啓示與鼓勵。倘能從根本着想，則擇業應重意義，處世應與合作，皆成枝節，而不必提醒也可做了。錢校長很誠懇地說，每年都是這幾點意見。我不反對每年提醒，但我覺得每年沒有新的意見，足以爲同學的指南針爲燈塔，尤其在今天國家危難的處境之中，我們數一數二的國立大學的校長，不應該如是其貧乏！我曾經參加過多次的歐美各大學的畢業典禮，校長的演詞是多麼愼重，多麼有內容，多半是印出來的，反觀我們的水準，我也願意很誠懇地說一句，我不能沒有感慨。

第四、我認爲畢業同學既代表後起的一代，也應當爲他們安排一個答詞的節目，讓我們聽聽後一代的聲音，也許敎學相長，老一代還可以得些啓示呢！我更願意貢獻一個具體的辦法，如果原則成立的話，先由各學院應屆畢業同學以演說比賽的方式，選拔答詞的代表，因爲成績優良的同學未必有口才，既是畢業同學，則皆有此代表資格，則自應以競賽的方式選拔能說者充任代表，這樣可以使典禮更爲生色，更有意義。

最後、照相太多，秩序太吵，這都很容易改正，雖然也都是小事，却也都很重要，表現我們整個社會的水準。

我開端已經說過，我的目的是本最大的善意，以懷疑的態度，研究我們的平時認爲無所謂，或例行事務或理所當然或爾爾、爾爾的現象提供可行改進的意見，以期於轉移風氣，止於至善，能發生渺小的作用。如斯而已，如斯而已。

（五十三年六月十七日　徵信新聞）

作家的修養

中國文藝協會曾經辦了一個爲期半年的文藝講習班，班中分有詩歌、小說、戲劇、和散文四組。散文組每週有一小時叫做「創作經驗談」的課程，由朱介凡先生主持，邀請成名的散文作家，輪流來會講演，談談他的創作經驗，以供學員參考。有一天，介凡兄光臨舍下，把一頂「散文作家」的帽子，往我頭上硬扣，叫我去做一小時的講演。處在這個爭奪帽子的年頭，像前此一羣大詩翁，爲了搶戴一頂桂枝帽子，大家打得頭破血流的時候，有人白白送你一頂戴戴，雖是受之有愧，倒也却之不恭；況且這是一頂詩經所誇稱的素冠，既非紅的，也非綠的，把它戴上，不但不犯國法，也沒有帷簿不修的嫌疑，只好硬起頭皮，沐猴而冠，任由介凡兄牽着玩耍一番罷了。不過帽子好戴，講演難爲，我本來不是「作家」，自然不懂「創作」，叫我怎樣去談「經驗」？

只好換用一個題目，叫做「作家的修養」，愿補兩個晚上，遵照臺灣諺語的提示，「拿別人的屁股，做自己的面皮」，當起文抄公，前往敷衍一番。講演完畢，學員行禮如儀，鼓掌捧場，已經使我渾渾陶陶了；回到休息室，辦公的李小姐給我倒了茶後，又遞給我一個紅包，說是這一點鐘的鐘點費，更使我高興得飄飄欲仙了。我原以爲這是拉官差，準得白盡義務，沒有想到竟然有這麼一包儻來的阿堵物，大出意外。不過這個紅包不給還好，給了反而勾起了我的一段故事，引出我的牢騷來。

記得「兄弟在美國的時候」（在這個「唯美主義」瀰漫全國的當今，據說不論說話或作文，懂得插上這類的句子，最能引起讀者的興趣。然歟？否乎？姑一試之），看到報屁股寫着這樣一段故事：有一個人買了一架電視機，用了沒有幾天，電視機忽然失靈，他就按照說明書的指示，自己調整了一個整夜，怎麼也弄不好，第二天只好打電話叫修理電視機的舖子派人來修理，舖子派來一個工人，在電視機上東轉轉西摸摸，不到五分鐘，就給修理好了。他問工人要多少工錮，工人老虎大張嘴，一要就是五弗（日本人以弗字像美金符號$字的形狀，就用弗字來表示美金，深合六書轉注之義，禮失而求諸野，大可東化一下），此人勃然大怒說：「美國縱使人工昂貴，也沒有五分鐘要五弗的道理。」可是這個工人却理直氣壯，振振有詞地說：「你知道不知道我所以能够在五分鐘內把你的電視機修理好，是從三年學徒生活的苦修中得來的嗎？我現在賣給你的是三年的苦修工夫，而不是五分鐘的撥弄操作。」現在介凡兄只給了我一個鐘點的工錮，而抹殺了我兩個晚上惡補的苦修，實在心有未甘，老想設法找補一下；正好碰上本誌屆滿第一百號，編輯部逼我非寫一篇稿子不可；又看到孫如陵先生在上期本誌上，表現了一個好榜樣；遂決心步孫先生的後塵，把這碗冷飯，重炒一遍，一來聊盡一番會員的義務，二來敷衍朋友的面子，三來賺些稿費，以補償兩夜惡補工夫未得的報酬，簡直是一石三鳥，實在是罕有的妙招，何樂而不爲乎？閑話休題，言歸正傳，一個作家所須要的，是怎樣的修養呢？請看官們聽我細細道來。

要做一個「作家」，應該走那一條路呢？上大學的文學系成嗎？不成，不成！那只能培養「學者」，絕對不是製造「作家」的機構，縱使偶然有一兩個「作家」從那裏跑了出來，也只是意外的副產品，不是它本來的目標。這並不一定是大學看不起「作家」，不屑去培養，而是它的部定課程，逼它這樣；不但是中國的文學系的課程如此，就是外國的文學系的課程也不能例外。此路既不通行，那麼，跑到這裏的文藝講習班來講習講習成嗎？得到的答案，也照樣是不成。四個年的正規教育做不到的事情，六個月的短期講習，怎麼能做得到？那麼，這樣不成，那樣不成，怎麼樣纔成呢？我想除了遵照趙麗蓮教授交棒時，對臺大外文系學生說的一句臨別贈言以外，沒有別的路子可走。他說：「除了自己，絕不依靠任何一個人。」(Never depend upon anyone but yourself.) 這個金言，適用於從事各種學問的學徒，想要當個「作家」的人，更須拳拳服儕，古來有名的作家，都是依靠自己的苦修，打出天下來的。

記得宋朝陳師道的後山詩話，說過這樣的話：「永叔（歐陽修）謂爲文有三多：看多，做多，商量多」，眞是寶貴的啓示。作品看多了，可以幫你擴充語彙，精通句法，吸收別人的作風，多獲模範，同時懂得別人在作品中所表達的廣泛的觀點和湛深的經驗。不過據我愚見，「看多」的函義，除了多看書籍以外，還要多看宇宙間的自然和社會的多彩多姿的事事物物，也就是應該把「閱歷多」包括在內。因爲文學是人生的表現，人生經驗越豐富，則文學的資本越雄厚，寫作起來，自然就容易獲得左右逢源之樂了。不過同是經驗，由書本上得到的間接經驗，總不如自己親身所歷的直接經驗，來的親切而深刻，所以俗諺說：「聽見不如看見，看見不如做見。」古人對於一個作家的要求，除了「讀萬卷書」以外，還要他「行萬里路」，就是這個道理。

在歷代的史學界中，坐着第一把交椅的作家司馬遷的寫作資本，就是從「讀萬卷書，行萬里路」的「多看」工夫得來的。他在太史公自序中說：「遷生龍門，耕牧河山之陽，年十歲則誦古文，二十而南遊江淮，上會稽，探禹穴，闚九疑，浮於沅湘，講業齊魯之都，觀孔子之遺風，鄉射鄒嶧，戹困鄱、薛、彭城，過梁楚以歸。於是遷仕爲郎中，奉使西征巴蜀以南，南略邛、筰、昆明，還以報。」可見靠旅行和讀書的「多看」的工夫，對於一個作家的成就，是多麼重要呢。

宋蘇轍上樞密韓太尉書說：「太史公行天下，周覽四海名山大川，與燕趙間豪俊交遊，故文疏蕩，頗有奇氣。」明李沂星閣詩話則說：「讀書非爲詩也，而學詩者不可不讀書。詩須識高，非讀書則識不高；詩須力厚，非讀書則力不厚；詩須學富，非讀書則學不富。昔人謂杜子美詩無一字無來處，由讀書多也。」

看多了，不但一般博大精深的大道理，可以採來做你寫作的良好資料，就連那些瑣屑猥褻的事物，只要運用得宜，也一樣可以使你的文章顯得有聲有色。宋周紫芝竹坡詩話說：「李端叔常謂余言：東坡云：街談巷語皆可入詩，但要人鎔化耳。」清初古文大家魏禧也主張要做文章，應該把「竹頭木屑」和「金玉珠寶」，平等看待，一齊收羅，好好加以「蓄積醞釀」，到了作文的時候，自然能够左右逢源，各顯神通了。他在宗子發文集序中說：「人生耳目所見聞，身所經歷，莫不有其所以然之理，雖市儈優倡，大猾逆賊之情狀，灶婢丐婦，米鹽凌雜鄙褻之故，皆必深思而謹識之，醞釀蓄積，沉浸而不輕發，及有故臨文，則大小深淺，各以類觸，沛乎若決陂池之不可禦、譬之富人積財，金玉布帛，竹頭木屑糞土之屬，無不豫貯，初不必有所用之，而當其必需，則糞土之用，有時與金玉同功。」這種「蓄積醞釀」的工夫，一定要靠多看來達成，不過必須平時多多燒香，臨到急時纔想去抱佛脚，是來不及的。近代吳曾祺涵芬樓文談說：「儲材之法，可儲之平日，而不能取之於臨時。」就是這個意思。

一個作家的修養，除了「看多」以外，「做多」也很必要，俗語說：「熟能生巧」，熟就是從「做多」來的。法國大作家莫泊桑，剛習寫作的時候，要去拜寫實派大師福羅貝爾爲師，福羅貝爾叫他回家，先去細心觀察一百個人的生活行動，分別一一把它描寫出來，完成了後，再來商量。莫泊桑遵照辦理，費了好幾個月工夫，把一百個人的起居注做成功了，就拿去交卷，福羅貝爾審查了這一百篇力作以後，就把莫泊桑叫來，告訴他說：「你的寫作的基本訓練，已經畢業，師也不用拜了，回去自己好好繼續寫下去吧，這樣就會越寫越好的。」莫泊桑得了這一指點，後來果然也成了一個舉世聞名的大作家。

不過想要「多做」，初學的人，總是眼高手疏，不懂得怎樣着手，據我愚見，開始的時候，不妨自己挑選一些名家作品，悉心加以模仿，像書家臨帖一樣，自然就不怕做不多了。吳宓說：「文章成於模仿。古今之大作者，其幼時率皆力傚前人，節節規撫，初則形似，繼則神似，其後逐漸變化，始能自出心裁；未有不由模仿而出者也。」但是「節節規撫」，只是初學時候的一種手段而已，一定要進而脫胎換骨，達到「自出心裁」的境地，纔能成爲一個作家，如果始終脫離不了模仿，那就沒有價值，無法擠進作家之列了。顧亭林說：「近代文章之病，全在模仿，即便逼肖古人，已非極詣，況遺其神理而得其皮毛者乎？……倣楚辭者必不如楚辭，倣七發者必不如七發，蓋其意中先有一人在前，既恐失之，而其筆力復不能自隨，此壽陵餘子學步邯戰之流。」總而言之，要成一個作家，不管是「節節規撫」也罷，「獨出心裁」也罷，總得痛下工夫，多多寫作，纔能達成目的，單憑「靈感」，是無濟於事的；宋呂居仁說：「作文必要悟入處，悟入必自工夫中得來，非僥倖可得也。」所謂「悟入」，就是「靈感」；所謂「工夫」，就是「做多」，這兩者猶如輔車相依，是缺一不可的。桐城派開山祖師姚鼐，也在與陳石士書中，把這個意思發揮得很好，他說：「學文之法無他，多讀多爲，以待其一日之成就，非可以人力速之也。士苟非天啓，必不能盡其神妙；然苟人輟其力，則天亦何自而啓之者哉？」朱光潛對這一層，在談文學中，說得更明白：「學文學第一要事，是多玩索名家作品；其次是自己多練習寫作，如此纔能嘗出甘苦，逐漸養成一種純正的趣味，學得文學家一副體驗人情物理的眼光和同情。到了這步，文學的修養，就大體算成功了。」歐陽修答孫莘老說：「疵病不必待人指摘，多作自能見之。」這些大家的指示，或長或短，無非都是要告訴我們，多做是如何地重要罷了。

除了看多和做多以外，「商量多」也是作家修養上不可或缺的工夫。商量就是添削和推敲，本是可以跟師友斟酌的，不過自己商量，更爲重要，古來名家，沒有不對這一層，下過重大的苦心。晉左思做齊都賦，一年方成；做三都賦，歷經删改，經過十年，纔得脫稿。宋徐度却掃篇說：「陳無己之詩，揭之壁間，坐臥吟哦，有竄易至一月十日乃定。有終不如意者，則棄去之。故平生所爲至多，而見於集中纔數百篇。」提倡三多說的歐陽修，對於自己的這個主張，更是忠實勵行。據葉夢得石林燕語所說：「歐陽文忠晚年取平生所爲文，自編次之，即今所謂居士集者。

往往一遍至數十遍，有累日考取不能決者。一夕天寒，燭下至夜分，薛夫人從旁語曰：『寒甚，當早睡，胡不自愛？此己所作，安用再三閱，寧畏先生嗔耶？』公笑曰：『正畏先生嗔耳。』」世傳他每寫一文，輒糊於牆上，改了又改，當改定時，常常不存原文一字。例如他那篇醉翁亭記，初稿發端凡三四行，將滁州四面的山，一一描寫，累次修改，總不愜意，後悉塗去，而易爲「環滁皆山也」五字。王安石對這一點的用力，也和歐陽修不相上下。據洪邁容齋續筆說：「王荆公絕句『春風又綠江南岸』，原稿『綠』作『到』，圈去，註曰：『不好』，改『過』字，復圈去，改爲『入』，旋改『滿』，凡如是十許字，始定爲『綠』。」蘇東坡也一樣下過「多商量」的苦工夫，他那篇潮州韓文公廟碑，起句屢改其稿，凡百十次，最後乃定爲：「匹夫而爲百世師，一言而爲天下法。」

凡是成名的作家，無分中外，都要對他的作品，十斟八酌，改了又改，在沒有十分自信以前，大都是不肯輕易發表的。托爾斯泰那部大部頭的戰爭與和平，經他太太仔細替他抄謄七次，每一次的稿紙，總是刪改得體無完膚，面目全非，到了第七次纔覺得不需再抄，勉强可交手民排版。近代寫實主義倡導者的福羅貝爾，爲要寫作那部有名的包華利夫人的寫實小說，費了五年工夫，寫出了三萬一千七百八十八頁的草稿，然後着手仔細推敲，終於改成爲一部四百八十多頁的定本。有一次，一個朋友來訪問他，看見他愁眉苦臉，埋頭在書齋裏工作，就問他：「這一天寫了多少字？」他說：「悶坐了四個鐘頭，不但作不出一句來，反而删掉了一百多行。」由此看來，難怪杜甫說他「新詩改罷自長吟」，皮日休說他「吟成七字句，撚斷數莖鬚」了。賈島作了一聯「獨行潭底影，數息樹中身」，自注說：「兩句三年得，一吟雙淚流；知音如不賞，歸臥故山秋。」凡此種種，全是名家愛惜羽毛的表現。

無論作詩，無論作文，這種「百鍊成字，千鍊成句」的苦心孤詣、慘澹經營的工夫，都是缺欠不得的。明李沂秋星閣詩話說：「作詩如食胡桃宣栗，剝三層皮方有佳味。作而不改，是食有刺栗與青皮胡桃也。」梁實秋說：「散文的藝術中，最根本的原則，就是割愛。一句有趣味的俏皮話，若與題旨無關，只能割愛；一個美麗的典故，一個漂亮的字眼，凡與原意不甚洽合者，都要割愛。散文的美，不在你能寫多少旁徵博引的故事穿插，亦不在多少典麗的辭句，而在能把心中的情思乾乾淨淨直截了當地表現出來。散文的美，美在適當。不肯割愛的人，在文章的大體上，是要失敗的。」世上許多膾炙人口的好作品，讀起來輕鬆愉快，好像是作者漫不經心，一揮而就的神來之筆，其實乃是作者無數的心血的結晶；大才子袁子才的詩文，可以爲證，他在一首題名遺興的七絕中坦白出來說：「愛好由來落筆難，一詩千改始心安。阿婆猶似初笄女，頭未梳成不許看。」由此一斑，可窺全豹了。

（五十四年九月　中國語文）

告落第男生

九月十日聯合報副刊，載有一個高中畢業的聯考落第男生，感到走投無路，寫信請敎專欄作家何凡，何凡先生說他「不是識途老馬」，解答不了問題，特地替他登出報來，請大家研究。我却敢於自居「識途老馬」，不待研究，馬上可以提出答案：「刻苦自修」。俗語說：「路是人走出來的」，又說：「不受折磨，不能成佛」，我自己是受盡折磨，刻苦自修走出路來的，雖然沒有成佛，却還可以衣食無虞，過着中等生活，只是如果「現身說法」，未免有「老王賣瓜，自賣自誇」的嫌疑，所以另舉此時此地的兩個實例，來做證據。

話說國際青年商會中華民國總會去年選拔十大傑出青年，內中有個三十八歲的本省青年王甲乙先生，家境貧寒，國校畢業後，在臺中縣政府擔任工友，利用夜間業餘時間，前往三十公里遠的臺中市補習，經過檢定考試程序，參加文官考試，三十九年普考普通行政及格，四十年高考普通行政及格，四十三年高考司法官及格。由地方法院推事，而庭長，而高等法院推事，最近報上又登載他升官的消息，升了啥官，因我老髦善忘，記不起來，不過升官確是升官，絕沒有錯。

今年該會又函請各方，推薦候選人，因此我就多方探聽，要找個像王君那樣「刻苦自修」成功的青年，終於在國立政治大學找到一位三十九歲的程運教授，合於規定條件，就把他推薦出去。程教授是三十八年由江蘇亡命來臺的一個擧目無親的高中畢業生，他考取公路局站員後，刻苦自修，次年即考取普考教育行政，四十二年考取高考教育行政，次年又考取高考人事行政，隨即考入政大教育研究所，半工半讀。因成績特優，四十五年畢業後，留校擔任講師。他努力不懈，年年都有著作、論文發表，去年已經升爲教授，又受聘赴菲律賓講學，最近方才回國，和臺大圖書館長蘇教授的留美小姐建文碩士結婚。

跟這兩位比較起來，那些一帆風順，由小學而中學，而大學，而研究所，而留美，而得博士，然後回來由副教授熬起的「幸運兒」，不都成了「王胖子的褲腰帶——稀鬆平常」，沒有甚麼了不起了嗎？寄語落第男生，切莫自餒，刻苦自修，自有成功的一日，「天下無難事，只怕有心人」啊！

（五十四年九月十四日）

努力第一

中國二十三歲的青年碁士林海峯，以四勝二負的成績，打敗了四十六歲的日本碁王坂田榮壽，爭得「名人」寶座。其戰績正和年齡成了反比例，實在是圍碁界空前的榮譽。逼得不大登載我們的消息的日本新聞，必須連日劃出大量的篇幅，來細述他的情況。其風頭之足，和棒球界的王貞治，前後輝映。對於國家聲譽的貢獻，絲毫不低於李政道和楊振寧。因爲他們一樣可以使全世界認識中國人的智慧水準，使我們民族提高自信心，同時表示行行都可以出狀元，對於青年朋友，富有鼓勵的作用。

林海峯戰勝了坂田名人之後，有個記者訪問他的老師吳清源大國手，問他海峯這樣小小的年紀，怎麽會有這樣的成就？吳大國手說：全靠十三年來，繼續不斷的努力。吳大國手接着說：一個人的成就，要靠三種因素，第一天資，第二環境，第三努力；三者的重要性，却不一樣，大約努力佔五成，天資佔三成，環境佔二成；不過如果沒有努力，天資和環境全都不能發生作用，所以歸結起來，還是努力第一。

吳大國手這幾句話，是個成功者閱歷有得之言，非過來人說不出來，正可以做我那篇告落第男生中所提倡的「刻苦自修」四個字的註解。寄語年輕的朋友：「苦心人天不負，有志者事竟成。」「吃得苦中苦，方爲人上人。」古人這些話，是不會騙人的。

（五十四年九月廿三日）

白頭教授念師恩

中央日報用這個題目，對幾位老教授作了一次專訪，其中王雲五先生的話，最使我感動。他說：「老師？我沒有老師。我自己倒確是老師。你知道，我從沒進過學堂。……我從曉得要求學問起，一直自修學業，並不像一般人有幸能得到那位先進的指教；如果眞要說有，那麼，書本就是我唯一的恩師了。」

我從五歲到十四歲，在先父嚴格督責之下，把四書五經連同左傳，背得滾瓜爛熟，十四歲起讀了梁啓超、胡適、陳獨秀的書，思想大起變化，卽瞞着先父，暗中自修日文，不出兩年，日文的書籍，已經能讀通了，接着又利用日文，自修英文。我後來雖然在東京讀了一年半中學，在北平讀了六年半大學，所遇到的好老師不能算少，像現在臺灣的陳大齊和樊際昌兩先生，他們教學認眞，不輕易請假，不遲到早退，成爲我教書生活的模範；聽說不久以前已經去世的沈尹默先生，當過兩個機關首長，我都始終追隨着他，他那不貪污，顧大體，不瑣屑的作風，也支配了我一生的行動。

不過，他們的影響，還是抵不過我少時所讀過的書本。四書五經不用說了，當我會讀日文時，老友莊遂性兄就把丘淺次郎的生物學講話和進化論講話、朝永三十郎的近世我的自覺史、西田幾多郎的善的研究、和夏目漱石的我輩是貓和哥兒，這些第一流的書借給我，使我讀得趣味津津，廢寢忘餐。等到我會馬馬虎虎猜懂英文時，我就憑着經驗，認爲要使外國文進步，一定要從第一流的作品下苦工，纔能引人入勝，於是我就抱着字典，從伊爾文見聞記、哥德斯密的威克斐牧師傳、福蘭克林的自傳讀起，接着就讀斯賓塞的教育論、小泉八雲的文學論、英譯笛卡爾的方法論、杜威的我們怎樣思想，及穆勒的自由論等。

我雖然也算上過大學，却沒有受過近代從事專門研究的訓練，所以年過六旬，一事無成，但是我亂七八糟看過的書，却不算少，所以如果要我擧出恩師來，我要跟着王雲五先生說：書本就是我的恩師，尤其是少年時代，當做語文研究工具，而細心咀嚼過的那些書本，更是重要的恩師了。

（五十四年九月卅日）

爲女界呼寃

記得大專聯考過後，有個落第男生寫信給何凡，說是聯考不公，顯着「重女輕男」的傾向，因爲高中女生考大專，有日、夜兩次機會，且有爲女子專設的專科學校和家政、護理等專系，專爲男生設的就沒有，大聲呼寃。其實這又是「這山看得那山高」的心理作祟，並非事實。縱覽整個世界，據我公平而不科學的觀察，不管是紅人、白人、黃人、黑人、不管是東亞、西歐、南非、北美，天下所有的便宜，男人佔了八成以上，女人佔不到二成；即以升學機會而論，也是男多於女，因爲大專聯考以外的軍校的聯考，除了國防醫學院的護理系以外，所有陸、海、空各種容量很大軍校，全部專收男生；就連所謂「文學校」像海洋學院、大同工學院等等，對女生來說，也是「夫子之宮牆數仞，不得其門而入」的。

撇開政治地位、經濟權力不說，單就道德標準而言，也極有商討的餘地。譬如同是鬧三角糾紛的人，男的施顯謀，背着太太在外國搞女人，大家視爲家常便飯，不但不加重責，反而在國際機場特別開放貴賓室，供他和情婦話別，報紙且當美談報導；女的林翠松，只因禁不起色狼的誘惑，受騙失身，社會就認爲大逆不道，主張他的丈夫趙正雄，應該和她無條件離婚，「摒諸四夷，不與同中國」。仔細想來，這種觀念是應該大大矯正的。

昨日參加一個婚禮，牧師念了一段聖經說：「你們作妻子的，當順服自己的丈夫，如同順服主，因爲丈夫是妻子的頭，如同基督是教會的頭。教會怎樣順服基督，妻子也要怎樣凡事順服丈夫。」聽了這個教訓，纔恍然大悟，原來基督教也和儒教、回教一樣，都是重男輕女的，怪不得天下烏鴉一般黑啊！

（五十四年十月九日）

不要製造「背書機器」

教育的目的在於培植「人」，尤其是要培植「君子」，也就是要培植英語所謂「尖頭鰻」，所以揚雄法言說：「學者，所以求爲君子也。」要成爲一個君子，條件很多，知識不過是許多條件中的一個而已，書本更不過是求得知識的許多工具中的一種而已。現在的學校教育，丟掉了培植「人」的使命，專以製造「背書機器」爲目的；學校成了「背書機器」製造廠，眞叫人禁不住起了「差之毫釐，謬以千里」，「不揣其本，而齊其末」的嘆息。

做一個人，知識固然重要，行爲更應注意，劉向說苑說：「學問不倦，所以治己；敎誨不厭，所以治人。」可見學生的從事學問，是要把自己治理成一個人；老師的施行敎誨，也無非是把學生治理成一個君子；換句話說，雙方都是把知識看成培養行爲的手段，所以荀子說：「不聞不若聞之，聞之不若見之，見之不若知之，知之不若行之。」可見「行」的重要性，遠在「知」的上頭。俗語說：「世事洞明皆學問，人情練達卽文章。」學問、文章是一種知，洞明世事、練達人情是一種行，是從事教育的人所必須兼籌並顧的目標，而且後者比前者還應該特別留意。

說苑有一段話，把這層意思表達得很好，現在把它翻成白話，提供老師和家長參考：「公明宣在曾子開的學店註了册，三年不讀書。曾子發見這個事實，怕砸了他的招牌，就把他叫來，臭罵一頓說：『阿宣，你到我這裏來報名，已經三年了，總不好好學習，到底是存甚麼心？』公明宣說：『宣哪裏敢不學習？宣看見老師在家裏，父母面前，連狗馬都不敢叱咤；宣很喜歡這個做法，學來學去，總學不好。宣看見老師接待賓客，恭儉而不懈惰；宣很喜歡，學來學去，總學不會。宣看見老師在辦公廳，對待部屬十分嚴厲，却絲毫沒有損傷他們的自尊心；宣非常喜歡，學來學去，也學不好。宣喜歡這三種作風，怎麼學也學不來；宣哪裏敢不學習，而白白在老師的門下待下去呢？』曾參聽完了，立刻站起來，向他道歉說：『參竟趕不上你，你在這裏，豈只學習而已！』」

（五十四年十月十八日）

和「大學新聞」記者談一本書

臺大「大學新聞」的記者張再興君，要我爲他們發表一篇談話，湊湊熱鬧。張君把他的談話紀錄拿來叫我修改，他是我的學生，我有權利，也有義務，把它大大斧正了。所以下面的記錄，可以算是我們倆人的「集體創作」，本來應該聯名發表，但是如此一來，未免不成體裁，因此大家商定，分別稍改一點口氣，各人各用自己的名字，在自己有關係的報上，分別發表。

記者問：「洪教授，您可不可以爲『大學新聞』發表一篇談話，來指導指導同學？」

我說：「一部二十四史，要從那裏說起？還是請你出一個題目，好讓我借題發揮。」

記者問：「好不好拿『談一本書』做題目，來談一下呢？」

我說：「可以，可以，我就拿　國父著的三民主義來談談吧。」

記者問：「記得咱們的國歌，開頭就唱：『三民主義，吾黨所宗』，就這兩句國歌看來，三民主義，好像是國民黨專用的聖經。您既不是黨員，更不是靠三民主義的口頭禪來掙飯吃的職業和尙，爲甚麼別的書不談，却談起三民主義來呢？」

我說：「小老弟，此言差矣。三民主義雖然是 國父對國民黨員做的講演的筆記，但是它乃是 國父根據古今中外哲人的學說，參酌近代各國歷史的情勢，再加上他在本國盡瘁了幾十年的革命生活的經驗所產生出來的結晶品，所以它不但可以供國民黨員做爲革命行動的準則，而且可以供中華民國全民做爲正心，修身、齊家、治國、平天下的最高指導原理。咱們的憲法第一條規定：『中華民國基於三民主義，爲民有、民治、民享之民主共和國』，是非常有道理的。所以，我認爲三民主義是中華民國萬人必讀的書，最有談一談的價値。」

記者問：「三民主義是民國十三年寫成的書，距離現在已經四十二年了，這四十二年間，整個世界變化得太大了。在這種情況下，三民主義所指示給咱們的那些原理、原則，是不是還可以適用呢？」

我說：「完全可以適用。 國父說：『三民主義是救國主義，……因爲三民主義是促進中國之國際地位平等，政治地位平等，和經濟地位平等，使中國永久適存於世界，所以說，三民主義就是救國主義。』只要『救國』的目標一天沒有完成，三民主義是一天不能欠缺的。大家知道，三民主義的第一個主義就是民族主義：它要求我們中華民族獨立，一齊享得自由平等的幸福。第二個主義就是民權主義：民權主義中包括選舉權、創制權、複決權、和罷免權。在人民爭取民權的運動史中最先獲得的是選舉權，大家可以選舉官吏和議員，爲大家來辦理公務。不過僅有選舉權，是不够的，因爲如果選舉得人，自然很好；萬一選出的是一些壞蛋，他們把持政權，胡作非爲，豈不糟糕？因此必須有另外的那三種民權，來做補救。先說創制權：它要人民有甚麼意見和才力，都可以依法集會，提出來交議會議決，議決後就可以實行。這可以使中華民國各個人都有自由發展的機會和獨立的精神。其次複決權：就是凡是人民認爲不適當的法律或議決案，可以依法提出複議，把它推翻；這樣纔能够補救選舉權和創制權的缺憾。最後就是罷免權：凡是不合法律、違背民意的官吏和議員，人民都有權依法來罷免他的職務。人民能够行使這四種權，纔算達到民權主義的目標。第三是民生主義：民生主義是要運用全國人民的力量，來開發全國的資源，提高人民的生活水準，它要採取平均地權和節制資本的政策，來防止社會上的貧富的不均，使貧者不至太貧，富者不至太富。上面說的，就是三民主義的主要的目標。試問大家：這些目標，是否正確，是否已經完成？如果大家認爲目標正確，却還沒有達到，那麽，我們就須遵照　國父臨終時所昭示：依據他的遺敎，『繼續努力，以求貫徹』了。」

記者問：「洪教授，我記得三民主義開頭時有兩句話說：『主義是一種思想，一種信仰，和一種力量。』主義是一種思想，可以發展成一種信仰，我是懂得的；怎麼纔能使它變成一種力量呢？」

我說：「俗語說得好：『團結就是力量』，一羣有共同信仰的人，團結起來，就可以構成一股力量，於是乎利用這股力量，依照大家所共同信仰的主義去奮鬪，就可以使主義實現出來。現在執政的國民黨，就是糾合一羣信仰三民主義的人所組成的團體，因爲他們有共同的主義，於是乎釀成了一股很大的力量，遂能取得政權，去爲實現三民主義而努力。你們如果眞正信仰三民主義，最好加入國民黨，運用它已有的力量，來促使三民主義，從速實現。」

記者問：「國民黨自從到了臺灣以來，地方上一些土豪劣紳，爭着參加進去。他們不管它甚麼主義不主義，爲的只是要利用執政黨的力量，來便利他們升官發財的目的，因此把這一個革命黨，弄得良莠不齊，薰蕕同器。這一批人有錢有勢，又長於縱橫捭闔，我們就是參加進去，一來黨齡太小，二來無拳無勇，絲毫沒有憑藉，鬬起法來，絕對不是他們的對手。入黨以後，就是不跟他們同流合污，也難免陷於和光同塵的困境，這樣去當配角，跑龍套，有甚麼用處呢？」

我說：「這却不見得。國民黨所以有今日，絕不是偶然的，他們的領導人物，大都是有信仰、有能力的大政治家，只以黨員龐雜，中下級的幹部，又顯得有點未盡理想，有時難免發生偏差，致使有爲的青年，望而却步，其實這是一種容易矯正的錯誤。他們的領導階層，早已看淸這種情形，認爲必須從速矯正，重新把它健全起來，所以　蔣總裁在三月間開的九屆三中全會中，特別强調起用新進人才，以使『三民主義，歷久常新。』這個主張，不是嚷嚷而已，實際上已經付諸實行了。你們沒有看見這幾天他們的中央委員會正在中央日報大登廣告，要徵考大批大專出身的年輕黨員，予以一番嚴格訓練，然後分發各地，去從事黨務工作嗎？這就可以證明他們上面的領導階層，是怎樣地望治心切了。你們有爲的青年，應該『趁熱打鐵』，乘這機會，大批加入進去，對一些腐化分子，取而代之，努力去爲主義奮鬪，則不但國家前途光明，就是個人，也可以分享到發展的機會。大家知道，民主政治就是政黨政治，現在中國的政黨，除了國民黨，都是扶不起的阿斗。至於組織新黨，那是談何容易啊！國民黨不但是現在的執政黨，就是打回大陸以後，一定還有長期執政的機會，所以我雖然不是國民黨員，却由衷地要義務替它爭取有爲的青年，這是完全出於我的愛國的動機。」

記者問：「聽了洪教授的話，使我對於國民黨有了一番新的認識，非常感謝。不過咱們的主題是『談一本書』，還是言歸正傳，請洪教授再替我們講一講三民主義這本書的好處吧。」

我說：「好處多得很。第一、你讀了三民主義，腦袋裏面就裝上一套正確的思想，先入爲主，自然就不會再被外來的邪說所蠱惑，容易保全性命於亂世。第二、你讀了三民主義，因而加入組織，在組織中有良好的表現，自可轉而從政，萬一官運亨通，青雲直上，就可以達到『光耀門楣』、『顯祖榮宗』的目標。即便信仰 國父的昭示，不願意去『作大官』，而願意去『做大事』，也是近水樓臺，比別人可以先得月的。第三、你如果懂得三民主義，就是不加入組織，也有一防身的武器，可以不受黨棍的欺侮，可以把他們給你亂戴的帽子，返送給他，以『其人之道，還治其人。』拿我本人來做例吧。光復當初，我曾經被一些黨棍給戴上一頂『鼓動暴動，陰謀叛國』的大帽子。這是一項殺頭的罪名，幸而我深通三民主義，應付有方，立場站得很穩，所以結果只是挪動挪動屁股而已，腦袋沒有因而搬家。不但腦袋沒有搬家，還照樣有飯吃，照樣可以衣敝縕袍與衣狐貉者立，揖讓周旋於大官巨賈之間。進一步，還可以倚老賣老，看到不稱意的事，不順眼的人，隨便來個『潑婦罵街』，也不會受到太大的反擊。這都是三民主義給我的好處，假使我不深通三民主義，不懂得根據三民主義去言動，我就不能這樣，也不敢這樣了。我要說的話，本來還多的是，只因你們『大學新聞』篇幅有限，最好就此打住吧。」

記者問：「洪教授，您在講堂講書，雖然都是扳着臉孔，有時却也來個輕鬆的小插曲，使我們鬨堂大笑。今天可不可以也來個『依樣葫蘆』？」

我說：「講三民主義是件正經大事，沒有法子叫你們鬨堂大笑。不過輕鬆的小插曲，却還可以來它一段。我告訴你：熟讀三民主義，不但可以使你們得美妻，還可以使你們到黃金國去當教授。中國小姐方瑀，你們都得承認她是最美麗的同學吧？連戰所以能够娶到她，安心在美國當教授，完全是由於熟讀三民主義而來的。連戰是我的朋友連震東部長的獨生子，十多年前他畢業附中高中，準備投考臺大，臨考試前一個月，他跑來找我告急說：『洪伯伯，我別的功課都還馬馬虎虎，就是數學一科，基礎太差，恐怕要吃它的大虧。您能不能替我介紹一位數學教授，來惡補一下？』我說：『沒有用處，就是到美國把陳省身找來，也無濟於事。不過我可以敎給你一個補救的秘訣，就是把數學擱下不管，由它去爛，而用全力去攻讀三民主義。因爲考試科目通共六科，數學和三民主義，同樣各佔一科，都是一百分滿分。數學書籍汗牛充棟，任是神仙，也不能臨時抱佛脚。三民主義一書，却只有薄薄二百多頁，一個月工夫可以把它讀得滾瓜爛熟，你在這門功課痛下苦工夫，截長補短，失之東隅，是可以收之桑榆的。』他接受了我的指示，這一個月中，把全副精神都用來熟讀三民主義，結果是苦心人天不負，三民主義一科，居然考了個八十六分，補償數學的缺憾，綽綽而有餘，因此搖搖擺擺走進臺大的政治系。畢業後，軍訓完畢，立即考上留美，在芝加哥大學得到博士學位，又謀得一個副教授的職位，所以美人兒方瑀同學纔肯下嫁於他，使他能够死心塌地在黃金國成家立業。假使連戰不聽我的話，不去熟讀三民主義，必定會在臺大門口栽了個跟頭，也許就此一蹶不振，那能有今天的幸福日子可過呢？」

（五十五年五月十五日）

高中的選組問題

省立臺中一中有一位C同學，給作者來了一封信說：「在下是一個正要升上高二的學生；高二爲敎學方便，分爲自然和社會兩組。高三又分爲甲、乙、丙、丁四組，以利投考大專。這原是適應需要的很好的措施，但是在我看來，却成爲一個令人徬徨的階段。父母的希望，個人的興趣，功課的成績，這些因素的衡量，在我心靈的天秤上，時高時低。讀自然組吧（即是甲、丙兩組），將來出了校門，技術員、工程師、醫師，何愁無事可幹？要是出洋鍍金，也吃香得多。無奈一上數學課，我的頭就脹大了。讀社會組吧（即是乙、丁兩組），却記起人家的批評：『那班舞文弄墨的，畢業了後，連當個小敎員，都唯恐沒有人要呢。』甚至於說：『讀「文」組的，都是些怪裏怪氣，絲毫沒有出息的傢伙！』想到了這一類的風言風語，不啻被澆了一盆冷水，叫人涼了半截身子。

「不過歎氣歸於歎氣，『組』總是不能不選的，於是乎我選了自然組了。心裏暗想：「試讀一學朝或一學年看看再說，如果興趣仍現低潮，再改讀『文』組吧。」話雖如此，但是我總覺得這樣不够深思熟慮，不够審愼，到時能够保證不再猶豫嗎？這樣一想，不禁又叫我茫然了。因此，盼望您在國語日報上，趁着每月話題談『升學』的時候，來談談大專升學選系的問題吧。選系要依照——長輩的指示呢？自己的興趣呢？還是將來的出路呢？……請您指示一番，以使我們這羣『民族幼苗』對這要命的、孤注一擲的抉擇，有所助益；也使一些不開通的、只想教子女選讀『父母喜歡的科系』的家長，有所憬悟，因爲他們不懂得『大學無用論』，所以還是把大學的入學問題，當做萬分嚴重的事情看待呢。」

我看過教育部頒布的中學課程標準，知道只有不分組的一種，雖然好多年前，就聽說師大附中會經奉令在高中開辦一種實驗班，分爲文、理兩組，來做實驗，看看高中到底是分組好呢，還是不分組好，以供將來修訂課程標準時做根據，因爲這是公說公有理，婆說婆有理的，多年爭論不決的問題。附中實驗的結果如何？教育部對這問題怎樣處理？恕我孤陋寡聞，沒有聽到，不過全省各好中學，爲應付升學考試，提高校譽起見，據說大都已經自動分組，而學生也因而提前受到選科的困擾，這可以從C同學的信中，窺見一斑了。

在沒有回答C同學所提出的大專選系的問題以前，先來看看高中應該不應該分組。這是個見仁見智、各有利弊的制度。以前我國大學的預科，大都是分組的，我所就讀的北大預科，就分成甲、乙兩組；日本戰前的高等學校，則分爲甲、乙、丙三組。據我個人親身的體驗，受過分組的預備教育以後，進入大學本科的時候，基礎比較穩固，讀起來方便得多；可是萬一興趣改變，要轉入不聯繫的院系，這個方便却要變成阻礙了。理預科改入文本科，問題還小，因爲沒有讀過的學科，可以自己補習；文預科要改入理本科，問題可就大了，因爲欠讀的學科，自己補習不來。這是指免試直升的情形而言的。現在高中除保送外，升學都要經過考試，如果你在高中選的是丙組，原想考醫學院，這一組對於生物的講授，自然要特別注意，而將不考的物理忽略過去（並非造謠，事實如此），等到臨考試前，發現考醫學院沒有自信，農學院又不願入；想要改讀理、工學院，則以物理只學了三分之一，或略而不詳，不够應付，弄得進退維谷，兩無把握。這個時候，分組制就成了他的絆脚石，難怪學生感到困擾了。所以高中應該分組或不應該分組，教育當局必須深思一番，做一決定，統一辦理，不可放任學校各自爲政纔好。

中學教育的目標，依照中學法的規定，在於「繼續小學之基礎訓練，以發展青年身心，培養健全國民，並爲研究高深學術及從事各種職業之預備。」由此可見中學教育的目標是多角的，升學不過是其中的一角而已，不應該因爲要達到這一角的目標，而妨礙了別的目標；換句話說，不應該因爲要加强某一組升學所要考的功課，而減低了其他不考的功課的教學。高中課程標準規定三年級列有四小時的選修功課，以供升學或就職所需科目之用；我以爲只在三年級加授四小時，似乎少些，不妨由二年級起，准許各高中自由酌量，再加授二、三小時升學預備的功課，其他各科，必須遵照部定標準教授，不得減少，這樣就比較可以對各目標都顧到了。記得四十三年前，我們投考北大預科的時候，除了體育以外，不管你報的是甲組或乙組，所有中學課程，自國、英、數（算術、代數、幾何、三角）、理、化、史、地，以至動物、植物、礦物、生理衞生，一律要考，以防止中學爲升學準備而偷工減料。這個用意周到的入學考試制度，回想起來，不禁令人發思古之幽情！

高中的選組問題，是大專選系的前提，也是由它衍生而來的問題，所以這兩者的關係，非常密切，應該同時考慮解決。C同學的未雨綢繆，十分有理，現在就接着談它一下。C同學問我：「選系要依照——長輩的指示呢？自己的興趣呢？還是將來的出路呢？」我認爲這三點，都應該顧到，只是必須分個輕重先後罷了。在這三點當中，自己的興趣最爲重要，因爲合於自己的興趣的學習，比較容易獲得好成績；如果不合於自己的興趣，學習起來就難免要感到頭痛，自然也就不容易學得怎麽好了。史記日者傳說：「非其地，樹之不生；非其意，敎之不成。」商鞅傳也說：「因人而敎，不勞而成功。」意思是說：敎育要根據個人的興趣，合乎興趣的敎育，可以「不勢而成功」；反之，就難免「費力不討好」了，所以個人的興趣，應該首先考慮。

其次應該尊重的，是家長的意見，臺灣有句俗語說：「一人主張，不如兩人商量。」況且家長比自己經驗豐富，考慮周密，處處都爲子弟的未來着想，絕不會提出於子弟不利的意見來，所以必須好好跟他們商量一番。萬一彼此意見相差太甚，也該懇切協調；協調的時候，應該採取菜根談所說的「毋因羣疑而阻獨見，毋任己意而廢人言」的態度，慢慢折衝，求得一個妥善的結論。不可一意孤行，弄得彼此都不愉快，因爲你的在學期間，一切學雜等費，必須仰給於家長，千萬得罪不得。

反轉過來，做父母的也應該尊重子弟的興趣，不可以固執己見，强其所難。俗語說得好：「近近田可以做秧田，塊塊土可以做菜圃。」有些土地可以栽秧，有些土地適於種菜；各隨土宜，自有豐收，違反地質，難得好果。同樣的道理，有些人最好當醫生，另些人只宜耍筆桿，隨性所近，纔能學習得好；如果强迫只配耍筆桿的人去學醫學，將來開業，必定常吃醫藥官司，弄得頭大於斗；反過來說，叫該學醫的人去學耍筆桿，將來展紙伸毫，必定弄得滿篇「狗屁」，得了像C同學所說的「當個小教員，唯恐都沒有人要」的下場頭。

奉勸家位家長：多多尊重你們子弟的天資，使他們能够「龍歸滄海虎奔山」，人地相宜，各顯他們的神通；如其不然，萬一成了「龍游淺水被蝦戲，虎落平陽受犬欺」的結果，豈非「將以愛之，適以害之」呢？須知世上三百六十行，行行都可以出狀元，「但知行好事，莫要問前程」，只要你們的子弟肯循着他們的天資，努力上進，無論從事那一行業，都不會沒有前程。此刻現在我們最看不起的，是耍筆桿的人，可是一個上軌道的社會，他們照樣可以列進全國收入最高者的名單上去。君不見今年五月一日日本稅務署所發表的高額所得人的名單嗎？小說家山岡莊八的年收是九千六百四十五萬二千元，源氏鷄太五千六百四十五萬二千元，松本淸張五千二百九十八萬六千元。臺灣的醫生、工程師不必說了，試問這裏大家所豔羨的大資本的年收，有幾個家能够比得上他們？「只怕懶漢不耕，那怕黃土不生」，奉勸衆位家長：讓你們的子弟自己努力去找地耕作，不必「替古人擔憂」，爲他們細算流年吧！江蘇人說：「張和尙，李和尙，總有一天輪到你頭上。」臺灣人也說：「有時星光，有時月光。」放心讓你們的子弟，好好走自己所愛走的道路吧，世界沒有不會落的太陽，也沒有不會圓的月亮，俗語說：「只要自己上進，不怕人家看輕。」又說：「不靠天，不靠地，只靠自己。」上面的這一段話，雖然是回答C同學所問的第二點，但是第三點「將來的出路」，也可以附帶在這裏找出答案，恕我不多囉嗦，讓我省點精神吧。

（五十五年六月十一日）

身處設地為孩子

記得去年日本發生過一件哄動全國的新聞，是兩個同讀高中的弟兄，分隸兩個球隊，比賽的時候，哥哥的球隊輸給弟弟的球隊，兩人回家，哥哥老羞成怒，就用棒球棒子擊殺弟弟，把屍體拋棄之後，逍遙自在，若無其事。這個殺死弟弟的學生，爸爸是個大學教授，媽媽則是一個風骨嶙峋、鋒頭十足的高等法院的檢察官。臺灣因為管制的關係，很難讀到日本的報紙和雜誌，我是在事情過了很久，纔從一本婦人雜誌中的幾篇評論這件事情的、不同方面的人士的文章裏面，知道它的輪廓。這些評論當中，有個共同的意見，就是大家認為主要原因，在於做父母的忙於自己的事業，忽略了兒女的管教所致。我讀過後，却立刻興起了一個相反的推測，疑為乃是由於父母望子成龍，關心過切，而當兒子的，沒有法子去符合父母的朝望，起了自卑感和反抗心，以致發生心理變態，纔產生了這種反常的事件；這是我由心理學的內省法，所獲得的結論。不過這件事情發生在日本，注意的人不多，而且我知道的時候，它也已經成了舊聞，所以我的這個見解，一直悶在心裏，沒有發表出來。

最近臺北也發生了一件兒子揪着父親的領帶，把他勒死的逆倫事件，這個逆子的父親羅清澤先生和母親易希道女士，都是中興大學農學院的教授，一般輿論，也都和日本婦女雜誌的評論一樣，疑爲係因父母忙於工作，疏於管教所致；可是根據死者的內兄易希陶教授對記者所發表的談話，大家纔知道羅教授的爲人，賦性倔强，好勝心切，對於子女的教養，也極嚴厲。看了易希陶教授的這幾句談話，使我恍然大悟，知道這個毛病，並不出在「疏於管教」，而實在是由於父親的「賦性倔强，好勝心切，對於子女的教養，也極嚴厲」而來的。因此我自信我對於去年日本所發生的殺弟事件所下的、異乎一般的結論，是「雖不中，不遠矣」的。

因爲父母越有成就，社會地位越好，對於子女的教育所懸的鵠的，必定越高，而做兒子的却不一定和父母一樣高才，自然做父母的就難免時加責備，以致感情疏裂，招來不幸。記得二千年前孟子曾經主張「易子而教」，爲的就是要保持父子的恩愛，不使因爲管教過嚴而生摩擦，所以他說：「父子之間不責善，責善則離，離則不祥莫大焉。」眞是閱歷有得之言，不愧被尊爲「亞聖」。說到這裏，我又要現身說法，來爲孟老夫子的學說，做一個證明了。

我家自從先曾祖由泉州移居臺灣，代代都恃首飾手藝謀生。到了先祖時代，生活稍爲安定，纔想叫先伯父讀書以求功名，可惜沒有讀成，仍學手藝，續開銀樓。只有先父自幼聰明，又知道努力，書院月考，府縣觀風，總列前茅，每月所得膏火（獎金），不但足供自己學費，而且可以補貼家用。富家子弟，知道他的本領，每遇科考，常請他當槍手，代爲應付考試，在他二十七歲考上秀才以前，已經替別人考得兩次功名，得到報酬不少。他逝世時所留下的兩所房屋，和十四甲良田，就是這樣掙來的。他不但科擧所需的八股文和試帖詩，做得呱呱叫，就連古文詩詞，也十分精通，在那時候的臺灣，堪稱並世無匹。可惜遇到甲午戰敗，割讓臺灣，他的前途全被毀滅，於是激起一種强烈的民族意識，絕對不向日人低頭，不和日人合作，閉門讀書，過着頑民生活。六十多年前的臺灣富豪，和現在全不一樣，他們都還懂得尊重傲骨峥嶸的讀書種子，霧峯的林家不用說了，新竹的鄭神寶、高雄的陳中和、以及基隆的顏雲年諸前輩，無不以和先父來往爲風雅，尊先父爲上賓，讀書分子，更由衷地奉先父爲詞宗。先父不但衣食救虞，而且海陸珍饈，不乏供應，每天可抽三錢鴉片煙，又有三房妻小服侍，自然是有他的小天地，可以讓他樂在其中的。

先父對於日人，恨入骨髓，又以爲讀讀舊書，也可以像他那樣，獲得一種社會地位，所以不讓我們弟兄入學日人的學校，依樣葫蘆，成天叫我們在家背古典，學對對，習詩文。先兄對於這種沒有前途的學習，不感興趣，時時逃學，跑去和野孩子遊玩。先父每次把他抓回來後，就是一頓毒打，不幸所引起的，竟是和預期相反的結果。先兄稍懂人事，就日和不良少年爲伍，嫖娼、酗酒、賭博，無所不來，藏匿娼家，一過就是幾日，雖遭綑綁鞭笞，全不在乎。先父友人任彰化合作社理事長，乃將先兄安揷於社中，使他和先父離開，好來慢慢領導。沒有想到惡習已成，又和社中不肖人員勾結，虧空公款五六萬元（那時候的日幣，幾乎和現在的美金等值），先兄一人潛逃福建，關係者把責任全部推在他身上，先父爲他保人，因而涉訟，終於白白氣死，財產賠光，而先兄也不得善終。我和先兄同受嚴厲管束，對於先父不免產生反感，也爲先兄大懷不平，只以先母每日爲了先兄的反抗而度着以淚洗面的生活，不忍加添她的苦惱，因而死心塌地，當了一個馴良的孝子。但是新時代的孩子是有新的野心的，我爲要開拓自己的前途，在十七歲的那一年，偷領了先父的存款六百元，逃往日本讀了兩年書。錢用光後，先父不肯繼續供給，只好乖乖回家。從此父子間的關係，日趨惡化，絲毫沒有家庭樂趣。幸而經過兩年，先父要回祖國遊歷，非我奉陪不可，我就利用時機，提出條件：到了北平，我從天津送他上船回臺，自己要留在那裏讀書。他雖然勉强答應我，讓我在北平留下，可是他對於我的忤逆，始終耿耿於懷，這道裂痕，一直到了他去世的時候，還是沒有法子塡平。

前面所擧的，是有成就的父母，以自己的尺度來衡量孩子所出的毛病；跟這相反，世上另有許多懷才不遇、落魄一生的人士，却把「爲親出氣、光耀門楣」的希望，寄託在子女身上，也一樣逼得孩子肩挑重擔，招架不起，弄到身體衰弱，精神頽喪，不但失掉了人生的樂趣，就連升學的資本，也都賠光。我們看看七月二十八日本版「落第生的哭訴」和七月二十二日大華晚報社評「我們的孩子在哭泣」兩篇文章，就可以知道現代的孩子，是怎樣受到大人的本位主義的殘害了。哲人盧騷說得好：「自然的東西都是好的，一經人手，就被弄壞了。」做父母的要教導他們的孩子，那是一種權利，也是一種義務。不過大人的教導，應該隨着孩子身心的發展，安排情景，順其自然，使他按部就班，小孩像個小孩，少年像個少年，慢慢生長下去，纔能够收到教育的效果；如果用大人的目標，强迫小孩去追求，揠苗助長，矯揉造作，一定會陷於「非徒無益，而又害之」的境地。

許多老人常常嘆息，以爲「一代不如一代」，其實這是自己陶醉，完全和事實相反的看法。我自己相信，我所懂得的許多知識，是我父親絕對不懂的，而我兒子所懂的，比我更多得多。就拿道德來說，我相信我比父親高了十倍，我兒子比我更高十倍。我父親恃才傲物，不通人情，一切行動，全以自己做中心，不管旁人的死活，又把抽大煙、養外家這類的腐敗享受，視爲當然的權利，叫我們後輩不敢恭維。而我一生，則忠以處事，恕以待人，是個儒家哲學的實行者，堪以自慰，不過中少年時，祖宗陰魂未散，有時憑依身上作祟，難免使我蕩檢踰閑，犯了一點不可告人的風流罪過，成爲庸德之累。我的兒子則從小到大，雖然不太用功，沒有成爲英雄，沒有獲得博士，但是懂事以來，所喜愛的活動，像游泳、騎馬、玩球、奏樂、演劇、跳舞等等，沒有一樣不是正當的娛樂；入教以後，更知自愛，忠實奉行教條，熱心服務天主，從事職業，又極其認眞，極能樂羣，是個很健全的公民，所以我說他的道德，比我又高十倍，絲毫不算誇張。

說到我的兒子，我又要拿他來證實自然主義教育的不錯了。先父弟兄兩個，先伯一房，螽斯衍慶，子孫繩繩；而先父雖有嫡庶三子，只有我生育了一男一女。所以我那男兒，成爲先母以下全家的心肝寶貝，嬌生慣養，幼而多病，一入實驗小學，就不忍加以督責，上學以外，一切任其自由，以致成績平平，平均不過七十五分左右，可是他考建國初中和高中都以平庸的畢業成績，考上甲組。高中畢業，名列全班六十名中的第三十六位，內人擔心他不能升學，找來臺大化工系一位高材生，爲他惡補，補了一星期，感到不耐煩，就把人家辭退了。內人又看到他同班一位名列前茅的死用功的同學李國，家中房屋狹小，弟妹又多，不能準備功課，正在煩悶，內人趕緊騰出一間最好的房子，請他來住，供他膳宿，好讓他「陪伴公子讀書」。這位同學喜出望外，整個暑假，一直是三更燈火五更鷄，抱着書本死啃，無奈我那寶貝兒子，絲毫不受影響，仍舊吊兒郎當，你讀你的，我玩我的。可是考試結果，倆人一樣依照第一志願，進入臺大。可見科學時代「一命，二運，三風水，四積陰功，五讀書」的信條，至今仍然適用，讓大家知道不強迫孩子「讀書」，並不見得一定失敗。

我說了那麼多的話，是要告訴大家：㈠不要用自己的標準去勉强孩子追隨，㈡不要相信讀書第一，㈢不要相信學校萬能，㈣要相信下一代的人不需要我們過分關心，他們是會自己闖天下的；要認識「長江後浪推前浪，一代新人勝舊人」的事實。現在的世界，瞬息萬變，我們這些落伍的老古董，已經無法適應，不可老以指導者自居了。本期「大同」月刊載有一篇邱淸名翻譯斯丹佛商業研究所所刋「世事多變化」的文章，開頭一段說：「科學家告訴我們，地球的年齡約五十億歲，所謂「人」的哺乳動物，在地球上也只有二十五萬年，有記載的歷史纔約五千年，而我們現在所買、所用的產品，均是五十年來纔有的。現在感興趣、被討論的大部分項目——自動化、計算機、管理科學、導向飛彈、抗生素、行政發展、電力的進步、電視和共同市場——均爲戰後二十年來發展的。充滿了那街角藥舖的藥，十年前是沒有的。人造衞星則只是八年前的事——但我們已正在送探測儀器到月球、火星、金星，把人類送入環繞地球的軌道，以及建立旅行月球的工具。八年超過五十億年！」「八年超過五十億年！」希望抱着「一代不如一代」的見解的人們，面對這個活生生的事實，三復斯言！

（五十五年八月「國語日報」）

爲聖裔的教育進一言

最近報載，孔子的第七十三代次孫孔維寧，參加本年度大專聯考，因爲分數不够，未獲錄取，經教育部「特准」，分發臺大考古人類學系肄業，說他是述聖子思的繼承人，根據國民政府民國二十四年孔祥熙爲行政院長時所頒的院令，規定孔子和四配的後裔，政府有培育他們完成高等教育的義務而辦理的。教育部的這個措施，旣不妥，又違法，難怪輿論譁然，指摘蜂起，連善談風月的華報，也破例板起面孔，在十月五日的報上，發出議論說：

「……自中央政府遷臺以來，好多國民政府時代的行政院的命令都是凍結了的，好多人都在等待反攻大陸後再議。但此次教育部却翻出了民國二十四年的院令，居然對孔維寧破例免試分發臺大，還口口聲聲說『依法』，說『根據國民政府的規定』，說是『曾呈報行政院核備』。在升學難、聯考難的今天，除了眞本事的分數外，任何人都沒有特權，但教育部却硬要使孔聖先師成爲特權分子，眞是罪大惡極！因爲民國二十四年的行政院令是「培育」，是政府拿出錢來讓他求學，並不是『免試分發』。民國二十四年時沒有『聯考』，今日有了聯考，基於孔聖先師『有教無類』的大義，就應該一律參加聯考。如果考不取，送入建國補習班惡性補習，今年考不取，明年再考，這個制度，決不能破壞！亦即是說：政府『培育』固沒有話說，『免試分發』是萬萬不能的！」可見教育部此次引用凍結中的院令，製造「特權」，破壞善良的考試制度，損毀聖門的聲譽，是多麽不妥了。

記得十幾年前，白崇禧將軍擔任建國中學家長會會長的時候，累次在會上强調，建國中學所以能夠成爲第一流的學校，就是由於它不容許「特權」的存在而來的。他歷擧了陳故副總統以下許多要人的子弟，全都經由考試而入學，入學後沒有一個不接受校規的管制，該留班的留班，該記過的記過，該開除的開除，絲毫不使「特權」發揮作用，而家長們也沒有一個敢於運用「特權」來影響學校的行政，所以建國中學纔有今天的成績。白將軍人還住在臺北，聽過他的話的人也很多，對他的這一番話，不但教育部要留心參考，一切有「特權」的人，也應該深自檢束，來對國家的這條命脈——教育，多加照顧。

十月一日的自立晚報的社論，對這件事則站在法律和政治的立場，加以批評說：「……憲法

第一百五十九條規定：『國民受教育之機會一律平等。』我國現行教育制度，除國民有接受國民教育的義務，政府必須予每一國民以接受義務教育的機會以外，即採取考試的方式，在公平競爭的原則下，由小學而中學、大學，以次升學。這一方面是予青年以公平升學的機會，一方面亦含有鼓勵青年向上，符合國家養育人才的目標。如今於升學考試之外，另行規定某一些人可以不經考試而升學，或某一部分人可給予加分的優待，這在升學機會上，就造成一種不公平，在教育機會上，就出現了特權階級，這不但破壞了整個公平競爭的精神，而且亦違背了民主政治的基本精神。因之，我們認爲不但如孔維寧的由政府核准免試入臺大，應該愼重考慮，即現行升學考試對某一些人的加分辦法，亦應加以檢討。」

聯合報也在十月四日的黑白集，加以指摘說：「……據教育部解釋，過去國民政府曾有規定，對於孔子及『四配』的後裔，政府有培植他們完成高等教育的義務。在當時，我國尙未制憲行憲，國民政府作此規定，不發生『違憲』問題，現在旣經制憲行憲，沿用這項規定，予『聖裔』以教育上的『特權』，顯與憲法第一百五十九條不合。

即就國民政府時代的規定，政府也只有供給『聖裔』教育費，助其完成高等教育的義務，並未授予其免試入學的特權。倘『聖裔』必須依賴特權，始能接受高等教育，對孔聖言，豈非『聖德之累』？」

據我看來，教育部此擧，不但違反憲法的精神，且有觸犯「妨害兵役治罪條例」的嫌疑。查該條例第四條規定：「意圖避免預備軍官、預備士官、或常備兵、補充兵現役之徵集，而有左列行爲之一者，處五年以下有期徒刑：一、揑造免役或緩役原因者。二、……」因爲一個高中畢業生，達到服兵役的年齡，如果沒有升學，就須入營服役，且服的是比較辛苦而年限較長的常備兵役；一入大專，則可請求緩役，且畢業後受的是比較舒服而年限較短的預備軍官訓練。大專的日間部有此優待，所以競爭劇烈，門庭若市；夜間部因爲缺少這個便宜，弄到門前冷落車馬稀，好些學校招不到學生，可見這個關鍵是如何地重要了。幾年前中國醫學院主持人立法委員覃勤熱心於中醫教育，犯了這個條文，以致鎯鐺入獄，把一個牢靠的金飯碗砸破。現在教育部的這個措施，雖不算「揑造」，却可說是「强造」或「硬造」，形式上不算「犯法」，而精神上則難免有「只許州官放火，不准百姓點燈」的嫌疑，恐怕不能夠叫覃勤心服吧？

　　聖人有言：「君子之過，如日月之食，人皆見之；及其更也，人皆仰之。」又說：「古之君子，過則改之。」據我愚見，比事最好依照十月二日自立晚報微言的建議：「請教育當局速糾正此一錯誤，或者孔家自己糾正。」千萬不可像「今之君子，豈徒順之，又從爲之辭」。衞國賢大夫石碏說：「敎子以義方，弗納於邪。」四配之一的孟子也說：「敎者必以正。」爲父兄的應該三復斯言！

照上面所說，我們是不是就讓這位述聖的繼承人失學下去呢？我說：不能，不能，絕對不能。顏氏家訓說：「自古明王聖帝猶須勤學，況凡庶乎？」況聖裔乎？不過求學並不是非進大學不可，進大學也不一定能够求到學問。例如至聖奉祀官孔德成先生，並沒有聽說過他進了甚麼大學；但是他的國學十分淵博，尤以對於三禮的研究，舉世無與倫比，所以有名的大學，爭相延請講課。孔先生至好的鄉友屈萬里先生，是郁文大學的畢業生，這所大學，在我所教過的十幾所大專院校中，是最蹩脚的一所野鷄大學。但是屈先生靠了自修的工夫，鑽研探討，結果成爲世界有名的第一流的國學家。去年被普林斯頓高深研究所聘往研究，成爲該所人文學門的第一個中國人的研究員，爲學界所仰慕。可見能不能進入有名的大學，和能不能在學問上有所成就，並沒有太大的關係。蔣夢麟先生在「過渡時代之思想與教育」中說：「眞正可靠的學問，都是從自修中得來。……不養成自修的能力，決不能求學問。」

不過「自修」雖然是求學問的最基本的要素，但是良師的指導和益友的切磋，也是很重要的條件，所以韓愈說：「古之學者必有所師，以通其業，成就其德。」禮記說：「獨學而無友，則孤陋而寡聞。」因此我對於孔維寧世兄的教育，以爲大學可以不入，良師益友，則必須設法尋求。在我的心目中，有三位先生，最合資格，特爲提供孔德成先生參考，如蒙同意，希望他前往懇切拜託，只要每人每週肯予指導一小時，則一兩年的工夫，可以遠勝於讀四年的大學。這三位都是集合中西文化的精粹於一身，能够像先聖那樣，以文、行、忠、信來領導學生的偉大導師。一位是曾約農先生，一位是葉公超先生，一位是林語堂先生。曾先生的厚重，葉先生的瀟洒，林先生的幽默，如果能够把他們的品格吸收過來，一定可以成爲一個現代的標準完人，爲國人所欽式。

此外還有一位獨學自修的最成功的模範人物王雲五先生，也應該時常前往請教；他只讀了二十二個月的英文，就靠一本字典自修，終於能够說出一口流利正確的英語；又在三年之中，讀破一部大英百科全書，並且能够背誦書中很多重要的章節，那份毅力，可以使頑夫廉，懦夫有立志，堪爲青年人的表率。揚雄說：「師者，模範也。」清代唐彪又再加以敷衍說：「師者，範也；言行動靜，皆可式也。」我所推薦的這四位先生，都是全國中最足範，最可式的良師，都能够發生「與君一夕話，勝讀十年書」的效果，如果孔德成先生前往懇求，我相信他們必肯爲這位聖裔的教育，而盡些力量的。

如果希望在臺大或他校聽聽課，或利用它們的圖書、儀器等設備，雖不必正式入學，相信各校的當局，也一定肯爲這位聖裔提供方便。記得前福建省李良榮主席，曾經有一個相當長的時期，在臺大理學院聽過課，利用過它的設備。對於這種特別熱心的人士，特別給予方便，世界有名的大學，不乏成例，咱們的大學，自然也是一樣。孔德成先生原係很熟的同事，本可寫一私函供他參考，只以這一件事已經成爲世人注目的標的，所以本着古人「君子愛人以德，細人愛人以姑息」的宗旨，把它公開提出來討論一下。

（五十五年十月「國語日報」）

談科學發展

當今之世，科學的重要性，是盡人皆知的，連四十多年前統率一團「護玄大軍」，來和科學擁戴者丁文江對壘，展開了一場大戰的張君勱先生，也轉而重視科學了。九年前我旅行舊金山，當時張先生正在替該埠的世界日報撰寫社論。有一天晚上，忽然心血來潮，我就從電話簿上找出他的號碼和住址，打了個電話給張先生，自己介紹以後，說要去訪問他。張先生表示十分歡迎，却告訴我，他爲要儉省房租，住的是黑人區，晚上治安不怎麼好，最好找個「老美國」帶路。我就找了一個加州大學的學生周君同去，張先生已經在約好的時間站在門口等候我們了。大家寒暄一番，就上樓閑聊，張先生在談話中，問起周君學的是甚麽，周君回答是政治學。張先生聽完以後，大不以爲然，就對周君說：「政治學在臺灣也可以學，何必老遠跑到美國來？費了那麽大的力量，來到美國，就應該攻讀他們所長的科學或工程纔對。』張先生接着對周君說：「不過在美國學政治，也並非沒有特別可學的東西，譬如他們那一套民主政治制度的實地運用，就值得實事求是地去用心研究。我曾經整整費了一年的工夫，由以鄰里爲單位的政治活動開始觀察，一層一層看上去，一直看到聯邦的中央政府，把所看到的詳細紀錄，再去參考有關文獻，這樣一來，對於美國的政治，纔有了一番切實的認識。」

在科學和玄學展開大論戰的時候，我正在北平上學，兩方的文章，我都看過不少。所以腦海中所留下的張先生的印象，是個蔑視科學的老頑固。沒有想到四十多年後所親炙的張先生，竟是一位科學的熱心鼓吹者，連他研究美國政治所採取的方法，也含有濃厚的科學色彩。「三十年水流東，三十年水流西。」這句諺語所含的眞理，可以從這裏面體驗出來；也可以使大家知道在這個大時代中，科學所表現的重要性，幾乎沒有人會再加以否定。在這樣的一個時候來談談怎樣發展科學，可以說是切合時宜了。

不過在我們這個以「精神文化冠絕世界」自詡的國度中，要來提倡發展科學，首先必須把這種自己陶醉的態度，扭轉過來，使人們知道精神文化必須以物質文明爲根基，纔能發出光彩，顯出力量。漢唐兩代所以能够在世界上稱雄，就是由於他們的精神文化和物質文明，能够互相配合，齊頭並進而來的。宋明兩代理學的發達，可以說是史無前例，只因他們的物質文明太不濟事，所以都成爲中國統一的歷代中版圖最小，國勢最弱的朝代了。西洋在十七八世紀之間，幾個以海賊起家的小國，像英國、荷蘭、西班牙等，幾乎征服了整個世界，使它們屬領化，殖民地化。而擁有廣大的土地，衆多的人民，和豐富的資源的印度和滿清，則一個完全被佔領，一個奄奄待斃，任人宰割，連區區三島的小日本，也使我們敗在他們手下，原因何在呢？不過前者懂得怎樣去發展科學，來强化他們的國力，後者不懂得怎樣去利用科學罷了。古語說：「殷鑑不遠，在夏后之世。」不久以前的這一面鏡子，是値得咱們拿起來照照的。

我們知道，近代國家的國力，是由人的資源、物的資源、和近代科學這三種要素所構成的。其中近代科學這個要素所佔的地位，最爲重要，因爲它可以調整物的資源的偏枯，可以補充人的資源的不足；這兩種資源的欠缺，都可以由近代科學來設法補救。我們要知道，一個蒸汽渦輪機，可以匹敵一千萬人的勞動力，這是近代科學的成果。近代科學可以製造倍率數萬倍的電子顯微鏡，近代科學可以從以往認爲沒有利用價値、棄而不顧的許多廢物裏面，發現新的資源價値。

近代科學能够塡補天然資源的不足，因應人類生活的需要，合成許多代用物資。天然石油不够用，它發明人造石油和合成燃料來補充；又用人造纖維去代替自然纖維，人造橡膠去代替天然橡膠，人造硝石去代替天然硝石，人造皮革去代替天然皮革，諸如此類，擧不勝擧。近代科學的創造力，不但可以塡補自然資源的不足，而且可以造出很多天然資源所沒有的新的重要資源來，例如輕合金、合金鋼、合成樹脂、化學染料、化學藥品之類，都是近代科學創造出來的新的重要資源。還有一層，近代科學所創造出來的好些代用資源，可以比原來的天然資源，更具備着許多優良的性能，例如人造纖維、人造橡膠、人造皮革，都比原來的天然纖維、天然橡膠、天然皮革，更爲便宜，更爲耐用，更能夠適合人類的要求。一種石油，經過近代科學的利用，可以使成百種的新的東西產生出來；至於原子能的用途，更是「法力無邊」了。由此看來，近代科學對於近代生產力的貢獻，是非常之大的。

從國防上來看，近代科學的發展與否，關係更大。近代的戰爭，大家把它叫做科學化戰爭，機械化戰爭，所以在軍事國防上，科學技術所擔當的任務，是比甚麽都重大的。以科學化戰、機械化戰爲特徵的近代戰爭，如非打的是想要陷人類於滅亡的原子戰爭，勢必成爲一種無限制的消耗戰，現在越南所打的戰爭，就是具體而微的無限制的消耗戰。在這樣的無限制的消耗戰中，不但直接和國防力有關的武器、彈藥、艦船、飛機、戰車等，需要高度的科學技術來製造補充；同時躲在國防力背後，而直接間接支持培養國防力的產業力，也同樣需要發揮高度的科學技術，來完成它的使命。由此看來，近代科學不但是近代產業的酵母，也是近代國防的根基，所以它的發展與否，不但關係一國的興衰，而且關係一國的存亡。這次國家安全會議在所設立的四個委員會中，特別設立了一個科學發展指導委員會，聘請吳大猷爲主任委員，要來發展我們落後的科學，是非常適合機宜的措施。我們希望吳主任委員把他在國外所表現的光輝燦爛的成績，也在國內表現一番。

發展科學雖然是一樁關係國家命脈的重要工作，可是要在這個以精神文化妄自誇大，而蔑視着西方的物質文明，一直以「中學爲體，西學爲用」做爲教育方針的國度中，擔任這個工作，難免阻力重重，事倍功半，費力而不容易討好。不過俗語說得好：「捨不得硬幹，做不得硬漢。」希望科委會諸位領導者，拿出硬漢的精神，排除衆難，硬幹下去，那麼一分耕耘，總會獲得一分收穫。古人說：「陽氣發處，金石亦透；精神一到，何事不成？」在能領導，肯負責的吳主委主持之下，我相信科委會是會「旗開得勝，馬到功成」的。

那麼，要在此時此地發展科學，應該朝甚麼方向去走呢？我認爲必須點面兼顧雙管齊下：一面往深處鑽研，同時向寬處擴展。這兩件工作不但是並行不悖，而且是相輔相成的。首先，要使我國的科學發展，不但要向先進國家迎頭趕上，還要使它能够凌駕歐美，保持獨立性，所以現在所流行的「儲材國外」，任由人材外流的這種作風，是萬萬要不得的。俗語說得好：「水往低處流，人向高處爬」，一旦賺上美金，享受着高度的研究設備的外流人材，要他再回來領取僅少的新臺幣，又要從事「克難」的研究生活，那是談何容易！美國「世態論壇」雜誌，登載過一個招募赴美技術人員的美國人說過這樣的話：「要一個人拿依戀祖國的本能，來抗拒美金的誘惑，簡直是難之又難。」眞是一針見血，可以打破「儲材國外」論者的美夢。因此我們想要造就高深的科學人材，應該在精神和物質兩方面，提高他們的待遇，寬籌經費，使他們能夠爲所欲爲。這樣造就出來的土生土長的科學人材，如果能夠使他們各盡所能，安於其位，就不致再有「楚材晉用」的現象，而我國的科學，纔有發展的希望了。

其次，我們要發展科學，不要僅僅注重於造就科學選手，不要使科學成爲優秀的科學家所獨佔；而應該使它成爲全國大衆的科學，使科學滲透於全國的民衆，使科學成爲全國民衆的生活內容，思想態度，行爲方式。一座高山，必須有廣大的山麓來做它的基礎，同樣的道理，少數的優秀科學人材，必須有衆多的對科學有理解，能欣賞的同胞，來支持他們，纔能把他們培植出來。林海峯能夠在日本成爲圍棋名人，王貞治能夠在日本成爲棒球高手，都是由於日本人中愛好圍棋，愛好棒球的人很多，纔能有此成就；如果讓他們一直在臺灣生長，就要完蛋大吉了。楊傳廣和紀政要送到美國，纔能成爲世界運動會的選手；李政道和楊振寧要送到美國，纔能獲得諾貝爾獎金，也是一樣的道理。要發展科學，必須造成科學環境，必須使全國生活科學化，同時也必須使科學生活化，纔能夠達到目的。所以想要發展科學，必須一面向深處鑽研，一面向寬處擴展，纔能成功。這兩種工作，就像車的兩輪，鳥的兩翼，是缺一不可的。

（五十六年四月「國語日報」）

不惡補也行

本版主編女士在四月份「話題」，出了一個「不惡補也行」的題目，我吟味了半天，好像在這前面，含有一句「惡補很好」四個字的前提似的。因爲「惡補很好，不惡補也行」，讀起來十分順理成章，是一句旣合文法，又符邏輯的非常通順的中國話。主編女士出這題目，是否暗含着「惡補很好」這樣的「言外之意」，雖然不得而知，不過我現在不管她三七二十一，却要現身說法，「以小人之心，度君子之腹」，對「惡補很好，不惡補也行」這個題目，賦得一篇八股，來向主編女士交差。

惡補不但會戕害兒童的身心，而且還會奪去他們的小生命，這個事實，在二百多年前滿淸時代土製的兒童心理學家兼敎授法硏究者的唐彪，早就發現過了。他在讀書作文譜中說：「學者用心太緊，工夫無節，則疾病生焉。余親見讀書過勞而夭者五六人。」因爲他老先生親自體驗到惡補的結果，實在太可怕了，所以公開主張：「父師於子弟懶於讀書者，當督責之，勿令嬉遊；其過於讀書者，當阻抑之，勿令窮日繼夜。」唐彪的這個建議，可以說是很合情理的措施，無奈我們是一個以勤勞立國的國度，一直提倡「鞠躬盡瘁，死而後已」的精神，易經要我們「終日乾乾，夕惕若」，書經要我們「惟日孜孜，無敢逸豫」，詩經要我們「夙夜匪懈」。做事如此，讀書亦然，所以早先一入學堂，開始讀三字經，就要我們「頭懸梁，錐刺股」，要我們「如囊螢，如映雪」，要我們「身雖勞，學不輟」，因此唐彪的那個建議，終於乏人採用。

不過惡補雖然是「古已有之」，却也未必「於今爲烈」，譬如三字經所舉的幾個惡補所採取的手段，都比現在激烈。第一先說「頭懸梁」，這指的是漢代孫敬的方法，他考上了首都洛陽的國立大學，怕打瞌睡而躭誤抄經，於是用繩子把頭髮拴緊，懸掛於屋梁上，瞌睡一打，頭髮被拉，感到痛楚，馬上就可以搓揉着惺忪的睡眼，繼續苦幹下去。他一天到晚，都關起宿舍的門戶，埋頭讀書，很少上街，偶然出去買一點東西，街上的人都看做新聞，大驚小怪地互相告訴說：「閉戶先生今天可出來了！」

其次「錐刺股」，指的是蘇秦的事情。蘇秦遊說秦王，失敗回家，看到「妻不以他爲夫，嫂不以他爲叔，父母不以他爲子」，於是發憤讀書，打開了幾十箱書，得到一部太公陰符，伏而誦讀，讀到要睡，就拿錐子自刺大腿，流得滿地是血，以驅逐睡魔。當時還沒有發見抗生素，萬一得到破傷風，就要嗚呼哀哉，這種惡補方法，簡直是玩命的勾當，爲我們所望塵莫及。至於晉朝的車胤，沒有錢買油，抓些螢火蟲裝入紗囊，以代燈燭；孫康也因爲晚上買不起燈油，只好映雪讀書，這種苦讀，雖然也會導致近視，可是比起懸梁刺股，却是「良性」多了。這幾位惡補前輩，不但沒有送掉小命，沒有毀壞身體，反而有的做大官，有的成名士，像蘇秦更是大得意而特得意，他在學成以後，居然佩起齊、楚、燕、趙、韓、魏六國的宰相印綬，路過洛陽，使他的「父母淸宮除道，張樂設飲，郊迎三十里，妻側目而視，側耳而聽，嫂蛇行匍匐，四拜自跪而謝」。同時在他當六國宰相起，到他被刺身死爲止的十五年間，使强秦不敢向東侵略一步，替惡補同志出了一口大悶氣，也使從事惡補的老師們，可以振振有詞。我所以說：「惡補很好」，並不是空口說白話，而是有書爲證的。

據上所說，我似乎是在這裏提倡惡補了，其實不然。我們知道，宇宙之間，就是那麼奧妙，有百利的事情，時常會附帶來了一弊；同樣的道理，有百弊的事情，也會偶爾現出一利來。惡補的害處很大，就像唐彪所說的，它可以使兒童小則生病，大則夭折；自然也不是沒有因惡補而獲得大功效的，不過好處總遠不如害處的多罷了。古人說：「利之中取其大者，害之中取其小者。」何去何從，做父兄師長的人，應該權衡輕重，仔細取捨。據我觀察，國民學校的學生，正在生長的階段，最需培植，一經摧殘，就要枯萎下去，絕對不可用惡補來毀滅他們；初中以後，身心漸趨穩固，稍爲勞苦一點，所受到的害處，就比較少了。上面所說的車胤的囊螢，孫康的映雪，他們是從幾歲開始的，史乏明文，無法確定，不過據晉書所載，前者是「幼恭勤博覽」，後者是「少清介，交游不雜」，恐怕都不會是在十二三歲以前的事情；孫敬的頭懸梁，則是在大學上課的時代；蘇秦開始刺股讀書，已經是討過太太，而且曾經遊說過秦王，失敗回家以後，至少是年過二十，自然經得起折騰了。

還有一層，古代沒有印刷，書籍都是手抄的，當時的筆墨紙張，都很粗糙，寫不出蠅頭細字，不會有現在那種密密麻麻，使人眼花撩亂的惡補教本，也就不至於像現在這樣造就出一羣一羣的四眼田鷄來了。同時，古代這些由惡補而成名的人，都是出於自發，並非由於父兄師長的逼迫，心理上沒有壓力的負擔，讀起書來，輕鬆愉快，自然也可以少出毛病了。劉念臺說：「學問中人，無不從苦處打出。」讀書而受些苦，乃是當然的事情，只要出於自願，年紀又不幼稚，用功攻讀，害處不會太大；如果强迫幼童去接受惡補，情形可就不同了。

作者是十四歲以後自願惡補，而且補得很惡的一個人，現在除了多帶一副淺度的近視眼鏡以外，以「望七之年」的體格來看，常被人羡爲結實；公保馬虎的檢查，說我只是血壓稍高，全身找不出絲毫的毛病來，因此使我敢在「不惡補也行」的前面，給加上「惡補很好」這頂帽子。我十四歲以前，不認得一個日本字，却用兩年的工夫，依靠一部辭林和「虎之卷」（日本話，指敎科書的註釋自修書）把日本尋常小學六年和高等小學兩年，合計八學年的各科的敎科書，惡補完畢。又費兩年工夫，購買早稻田大學的中學講義錄，和中學五年間課程中重要科目的敎科書，把它們讀破。我原有資格免試進入早稻田大學讀書，但我因爲理化、博物等實科，都是在紙上學習的，因此沒有眞實的科學基礎，所以到東京插入中學，由三年級下學期讀起，夜間到正則英語學校和研數學館去惡補，中學四年級修完後，實科已經有點根基了，就陪先父往北京，打算投考北京大學，到北京後，纔發見我國中學的敎科書，和日本的大大兩樣。第一史地內容，重點完全不同；第二，理化博物的名詞，差異很多，而且北大要考的科目，除了體育以外，中學功課，全都要考，所以又着了慌，只好在北京高師學生辦的補習班，重新惡補半年，結果功效大著，在數千投考生中，只錄取了二百個名額，却居然被我佔了一席。我在北大，選了兩年第二外國語的法文，一年世界語，又跟李逊禮同學學了一年德文，又在東廠胡同一個白俄開設的補習班，學了一年俄文。現在除了英、日文以外，別的外國文都忘得一乾二淨了，可是我在北大六年半間，却一直過的是外國文的惡補生涯，結果却沒有受到絲毫的損害，可見惡補對幼童很不適宜，而於成年人，則沒有甚麼了不起了。

「惡補很好」這個題外之題，已經佔去了三分之二的篇幅，照理應該言歸正傳，來對「不惡補也行」做個交代了。我還是本着現身說法的宗旨，拿出自己的孩子做爲實例，來闡明「不惡補也行」的所以然。我們的孩子鐵生，是兩代單傳的獨生男孩，一生下地，過的就是嬌生慣養的溫室生活，對於疾病，缺乏抵抗力量，時常傷風感冒，家母因此不讓督責；學齡屆滿，入的又是採用自由主義的國語實驗小學，學課既鬆，家教又寬，所以直到畢業，成績總在中下之間，平均不過七十分多，不意投考北市最好的建國初中，竟然名列前茅，編入甲組。初中升高中，仍以平庸的成績，考入甲組。高中畢業，成績七十三分，名列全班六十名中的三十七名。準備投考臺大，內人替他十分擔心，請來一位工學院的高材生，爲他惡補，補了三天，不耐其煩，送他半月謝禮，請他走路。內人沒有辦法，知道他有個同班的李國，成績極好，而弟妹衆多，無法在家用功，於是趕緊騰出一個精緻的房間，供李君和鐵生共同居住，好來「陪伴公子讀書」。李君大喜過望，搬來了後，一天到晚，埋頭苦讀，眞是「焚膏油以繼晷，恒兀兀以窮年」。可是我們孩子，絲毫不受影響，過的仍是吊兒郎當的生活。臺大考試之前，臺北工專搶先招生，鐵生偷偷投考，竟然考了個第二名（該校發榜，是按成績編排名次）；臺大考完，倆人都按照第一志願分發，李君入化學系，鐵生入化工系，而且總分數比李君還多些，可以入最難考的醫學院。

鐵生在臺大四學年的總成績，平均只有七十七分，可是四十七年畢業前參加留學考試，馬上及格，參加美國總領事館的英語試驗，也是一次就通過了。四十九年軍訓完畢，自費入南加州大學化工研究所，五十年取得碩士學位，就投考 Flour 化學工廠，任設計工程師，月薪五百二十五元，後轉職於洛杉磯最大的 Ralph M. Parson 化學工廠，擔任計算機工程師，月薪千元，準備再實習一兩年，就回國來對自己的工業界，做些貢獻了。

我們這個孩子，學課雖然平庸，趣味却是多方：他會游泳，會騎馬，好打球，好奏樂，能演話劇，能唱平戲，還能打太極，變魔術。對於服務，更具熱忱，他擔任兩年的臺北市大專天主教學生聯誼會的總幹事，搞得有聲有色，因爲妨害學業，被我阻止，纔辭掉不幹。我們這個孩子是「不惡補也行」的抽樣中，最好的實例。其所以能够如此，據我觀察，是由於他遵守着朱晦翁所說的：「讀書要攢，期限要寬」和「讀書不可貪多，常使自家力量有餘」的原則，不慌不忙，循序漸進，經久不輟，所以能够「積絲成寸，積寸成尺，寸尺不已，遂成爲匹」，醞釀成爲一股潛力，蘊藏身中，平時不肯活動，一遇緊急關頭，就能够顯出他的作用來。他平時好看閑書，對於學校功課，則除了教科書外，不多購讀參考書籍，這種作風，也合乎王通所說的「不求廣，故得；不雜學，故明」的讀書方法，可以用來作爲抵制推銷考試指南的書商和惡補先生的口實，古人說「精兵三千，可敵羸卒百萬」，精粹已在教本上，其他都是多餘的。再有一層，我們平常不强迫他惡補，使他精神上不感到壓力，恐怕也是成功的一個要素。王陽明說：「凡授書，不在徒多，但貴精熟。量其資質，常使精神力量有餘，則無厭苦之患，而有自得之美。」邵康節也說：「

學必量力，量力故能久」。這種教學方法，都足以證明過度的惡補，非徒無益，而且有害；吳芥說：「學非樂，不足言學」，惡補使人不樂，進而使人不學了。

（五十六年四月「國語日報」）

閑話語言

國語和國文的正名問題，已經由執政黨的五中全會決定：「仍維現狀，前六年叫做國語，後三年叫做國文」；業已風定塵落，沒有爭執的必要了。不過有些讀者來信，說我是國語日報的社長，却只寫了一篇文章，而且談的是舊式私塾，離國語問題太遠，大表不滿，要我對於「國語」，多多發表一些意見，「以饜衆望」。這個要求，無異是「問道於盲」，因爲我既不是國語學者，也不是國語教育專家，說平實些，只是一個在國語運動圈裏跑龍套、喊「有啊」的小卒（臺灣的亂彈戲中，兵卒每次聽到主將發號施令，就必須喊一聲「有啊」），說堂皇些，是一個國語行政人員，所以對於國語所懂得的知識，跟諸位不相上下，有限得很，絕對不能夠滿足讀者的要求，好在本社出有政大教授祁致賢先生著的「國語教育」（定價十元）和出版部編的「國語與國文史名問題」（定價五元）兩書，都是專家的傑作，買去看看，就可以對於「國語」有個八九不離十的知識了。

不過讀者是我們的飯碗老祖，是得罪不得的，如果沒有讀者的支持，我們報社就得關門大吉，二百名員工就要跟着挨餓，責任重大，所以不得不硬着頭皮，憑藉常識，出來敷衍一下。俗語說：「戲館邊的猪母會拍拍」，我這猪母的拍子，如果拍得不對，還得央求看官們多多包涵，多多原諒。我的戲館老板暗示過我：「國語是用語言和文字當素材構成的」所以要我談談國語，就得讓我先來「閑話語言」，接着「閑話文字」，最後纔來「閑話國語」，分爲三題九次來交卷，都是純憑普通的常識和超然的態度說的話，和這次的爭論沒有關係。

話說我們所居住的地球的形成，雖然有六十億年說和九十億年說等等的各種說法，不過據地質學家的考證，地球上所發見的最古的石頭，被認爲有三十億年的歷史，這是「有物爲證」的，所以一向是以三十億年說爲最通行；可是近年因爲美國人在聖保羅島找到一塊石頭，經過放射能的檢驗後，被認爲有四十五億年的歷史，所以大家又把它延長了十五億年，而通行着四十五億年說了。地球上的生物，由化石的認定，大約在二十億年前就有了；至於人類遠祖「非洲人猿」，只有一百七十五萬年的歷史；等到進入原人階段的人類，像從化石中所發見的非洲的「阿特拉斯人」，歐洲的「海德堡人」，我國的「北京人」和「藍田人」，都不過只有五十萬年的歷史罷了。

語言是人類表情達意的工具，有了人類以後，是不是就有語言，這是個「口說無憑」的問題，只好憑大家的想像去推測，不過我國古來是流行着「語言與人類同生說」的。例如近人朱光潛的詩論說，「總而言之，詩或是表現內在的感情，或是再現外來的印象，或是純以藝術形相產生快感，它的起原，都是以人類天性爲基礎，所以嚴格地說，詩的起原，當與人類的起原一樣久遠。」詩是有節奏的語言，說詩與人類一樣久遠，也就是說語言與人類一樣久遠了。這不是西化了後的說法，而是古已有之的國粹。一千五百年前梁朝的沈約，就是相信此說的一個學者。他在宋書謝靈運傳中說：「史臣氏曰：民禀天地之靈，含五常之德，剛柔迭用，喜愠分情。夫志動於中，則歌詠外發，六義所因，四始攸繫，升降謳歌，紛披風什，雖虞夏以前，遺文不睹，禀氣懷靈，理或無異。然則歌詠所興，宜自生民始也。」生民既然已有五十萬年的歷史，那麽，語言也就跟着他，可以說有五十萬年的歷史了。

這種語言與人類同生說，並不全是空口說白話的推測，而是可以由科學來證實的。筆者曾經拿出這個問題，去請教中央研究院的高去尋院士，高院士說：「人類的語言是由小腦來控制的，我們研究原人北京人的頭蓋骨，發見他已經有了小腦了，因此可以推定他是會說話的；只是他的小腦並不太發達，所以能够說的話，也許很少，很簡單。」高院士是位很有成就的考古人類學家，他的話有科學上的根據，當然是可以相信的。不過人類的語言，一方面是屬於生理的，另一方面則是屬於社會的；小腦越發達，表現語言的能力越强；同時，語言的多少和繁簡也和社會文明的程度，成正比例。文明國家的辭典所收的語彙，大都有幾十萬語；而據語言學家多爾賽(Dorsey)的調查，就在現代的世界上，還有最落後的部落，僅僅能够運用三百多語，來滿足他們日常生活的需要。

語言既然是和人類同生的，那麼，凡屬人類，自然必定有他們的語言，不過由於文野程度的不同，而有多寡、繁簡、精粗的差別罷了。可是人類以外的動物，是不是也有語言呢？這却要看你對於語言所下的定義，是站在廣義的立場或者狹義的立場來決定的。美國心理學家拉德(Ladd)和德國生物學家包曼(G. Baumann)都是站在廣義的立場來下定義的。拉德說：「語言是動物彼此之間，拿它當做共同普通的心的作用的刺激而使用的符號(Sign)。換句話說，是大家都認識了一種同樣的經驗，為要把這種經驗傳達出來，因而使用彼此互相承認的一種約束好了的符號。」包曼說：「為要達成自己保存的目的，必須求助於同種的生物，因而使用一種能够把意志表達於外面的符號，以把這個目的傳達於同種的生物，這就是語言。」

按照這種定義來說，凡是羣居的動物，必定有表達運動(Expressive Movement)，可以說這就是牠們的語言。據葛爾那(Garner)所說，像大猩猩和黑猩猩這些高等猿類，都能够使用牠們所具有的大約二十種的聲音，以成立牠們的語言，再加上無數的動作和表情，用來互相聊天，互相爭吵，互相耍戲。再據杜邦 (Dupont) 調查研究的結果，鷄和鴿子各有十二種的聲音，狗有十五種，牛和羊各有三十二種聲音，牠們約略都能够利用牠們所共通具有的不同的聲音，來互相表達不同的情意。

不過一般的語言學家，大都不肯接受這種廣義的定義，而採取我們常識上所說的狹義的說法，以爲語言指的是人類的聲帶所發出的含有意味的聲音。史威特 (H. Sweet) 說：「所謂語言，是使用說話的聲音 (Speech Sound)爲手段，以發表思想。」葛別連治 (V. D. Gabelentz) 說：「所謂語言，是用調節音來發表我們的思想。」惠特尼 (W. D. Whitney) 說得更淸楚：「語言是人類社會中，爲要發表思想，而採用聲音來表達，同時可以由那種聲音而聽懂的東西。」趙元任所下的定義也很好，他說：「語言是人跟人互通信息，用發音器官發出來的、成系統的行爲的方式。」把這些定義歸納起來，我們可以這樣說：所謂語言，就跟大家的常識所了解的那樣，指的是我們在談話和講演所使用的聲音；說詳細一點，指的是我們發動發音器官，使它依照意識而發出的含有意義聲音。至於比畫、動作、顏容、圖畫、信號、以及文字等等的沒有聲音的表達運動或表達符號 (Expressive Sign)，都不能算做語言，只能說是類似語言或補助語言而已。

這樣說來，語言既然是人類表達思想感情的工具，也就是槪念的象徵，因此語言就和思考作用，完全發生了一種密切不可分離的關係。譬如我們心裏有時候發生了一種模模糊糊、不十分淸楚的概念，如果能够賦與這樣的概念以相當的語言，那麼，這個概念就可以變得很明瞭了。又如有個概念正要消滅的時候，因爲我們想起了代表着這個概念的語言，又可以使它立刻復活起來了。再如我們想要知道別人的概念，也可以經由代表那個概念的語言，很有效而且很確切地理解了它。我們必須用語言來代表概念，纔可以把那個概念保存下來，傳達出去。沒有使用語言來代表的概念，可以說是無法在這個世界上存在的。我們縱使不發動發音器官，而默默地坐着思索，一定也要使用那些代表着概念的語言，在自己的心裏思索。沒有語言，絕對不能思想，所以我們可以斷言：語言是人類的文明和文化的根源，而語言教育也就成爲一切的教育的母體了。柏拉圖說：「思考是不說出來的語言」，實在是千古不朽的至理名言。

記得有人曾經爲人類下過一個定義說：「人類是一種說話的動物」，這句話說得很好，因爲語言是人類特有的天賦，是別的動物所沒有的。因爲人類能够運用語言，纔會思想，纔會彼此合作，纔能够建設出今天這個光輝燦爛的文明社會來。蔡司（Chase）說：「人類語言中的字句，是施用於各種『東西』、『性質』、『行動』、和『關係』之上的。而這些概念對於一隻狗，則並不存在。」德拉古娜（Grace De Laguna）也說：「動物之所以沒有語言來表達牠們的思想，乃是因爲牠們沒有思想需要表達。因爲不能用適當的方式去表達出來的思想，根本就不能算是思想。」腦神經學家楊格（Y. Z. Young）說：「能够運用語言來促成和人家的合作，這是人類在生理上的一個必須的、特有的功能。」

楊格的這個說法，有人類學家賀威爾(William Howell)在他的「迄今的人類」(Mankind, So Far)書中所述的一個實例，給他做證。賀威爾說他養着一隻黑猩猩懂得怎樣去開動一個機器，使它送出裏面所藏的香蕉。不過這是一件一定需要兩個人(或兩隻猩猩)的合作，纔能够做得了的工作。而黑猩猩因爲沒有語言，以致沒有法子把這個意思表達給另外一隻黑猩猩，以取得牠的合作，結果只好瞪着大眼睛，瞧那機器裏面一堆香噴噴的香蕉，白白挨餓。高等動物生活的研究專家，海氏夫婦(Catharine and Keith Hayes)也在「科學的美國人」(Scientific American)雜誌上發表過一篇文章，說他們夫婦曾經把一隻剛生下的小黑猩猩，完全當做一個人類的小孩子似地，跟一個同樣大小的小娃娃一起帶大。小黑猩猩在最初幾個月中，也跟小娃娃一樣咿咿啞啞不斷作聲，只是牠的發音，不但遠不如小娃娃的那麼多，而且從第五個月起，連這些細小的發音也完全停止，而小娃娃則和牠相反，發音能力一天比一天發達起來。因爲這樣，在最初兩三年間，小黑猩猩學會了堆積木、剪花紙、掃地、洗碗、削鉛筆、油漆木器、貼照像簿。牠的智慧和動作能力，不但不減於人類的小娃娃，甚且遠超過他。可是等到小娃娃開始說話，他的智慧和能力，就堆積性地日日增長，而人獸的距離，就一日千里了。

記得小時候讀三國演義，內中有一段敍述曹操帶着幾個部屬，走過曹娥碑下，看到碑背寫着

「黃絹、幼婦、外孫、齏臼」八個大字，大家都不懂得它的意思，只有楊修說他懂得。曹操叫他先不要說出來，可以寫在紙上，藏於懷中，讓他也猜猜看。大家又走了三十里地，曹操說他猜着了，於是乎也把它寫出來，藏在懷中，等到兩人一對，寫的都是「絕妙好辭」，就是那八個大字的謎底。曹操看了結果，就嘆息說：「智不智，只差三十里。」我們也可以套用曹操的公式說：「人非人，只差個語言。」我們常常聽見一句罵人的話說：「你這個人，簡直不懂人話！」所謂「不懂人話」者，禽獸之謂也；這句國罵既俏皮，又幽默，而且十分刻毒，比起「三字經」來，顯得文雅得多，所以我就順便在這裏提倡一下。

閑話休提，言歸正傳。我們再回頭來考察考察語言在人類的思想和文化上，爲甚麽能够佔着那麽高的位置呢？依照杜威（J. Dewey）的「我們怎樣思想」（How We Think）書中所說，這是由於語言具備着下述的三種機能而來的：㈠意志傳達的機能，㈡思想的社會的集積的機能，㈢依靠由語言來思考的知性支配的機能。爲要傳達意志，一定要先使同一的概念和同一的聲音結合起來，再讓好些人互相約束，彼此都承認這個聲音就是那個概念的代表，這樣纔能够達到目的。語言既然能够傳達彼此的意志，於是乎就進而成爲思想集積的手段了。我們依靠語言，用敎育或口傳等方式可以把代代的優秀祖先所傳下的、和同時代各地方的優秀人才所創出的優秀思想，承接起來，集積於每個人的腦子裏面，使我們成爲思想上的富翁，像哲學家謬拉利亞（Von F.

Muller-Lyer）所說的那樣：「能够使今天一個普通學生，叫像神那樣的大思想家柏拉圖驚嘆佩服。」語言除了這兩種機能以外，最可寶貴的，還在於它能够營運思考作用的機能。人類和動物的根本差異，在於動物不能够形成抽象的概念，來加以活用，而人類則和牠相反，能够經由用語言所表達的概念的思念，來營運人類所特有的高尙的思想作用和感情作用。這三種機能的培植，就是我們的語言敎育的鵠的。

（五十六年十二月「國語日報」）

閑話文字

文字和語言一樣，都是我們人類最重要的表情達意的工具；語言雖然有五十萬年的歷史，而文字的產生則不過八千年，它們對於人類文化的貢獻，縱使不能說「後來居上」，至少總得承認它們哥兒倆「各有千秋」的，語言是使用含有意義的聲音，把我們心中的思想表達出來，而訴之於對方的聽覺，是主要的、直接的第一手的工具；文字則是把這些聲音，變成符號，而訴之於對方的視覺，是補助的、間接的、第二手的工具。一般的人常說，文字跟語言相似，其實與其說文字跟語言相似，不如說文字是語言的延長，或者語言的變形，更爲確切一點。一般的人又常說，西洋的字母是標音文字，而我們的漢字則是象形文字。說西洋的字母是標音文字，固然合於實際，而說我們的漢字是象形文字，却未必然了。在古代造字初期，大部分的漢字，的確是象形的，可是演變到了今天的楷書，則很難看出象形的痕跡來了。譬如「馬」「鳥」兩個字，都是所謂象形文字，馬字下面的四點，是表示馬的四條腿的形狀，可是除了畸形的以外，那兒去找出四個脚的鳥兒來呢？所以想要認識漢字，必須先把它翻成語言，再由語言去了解它的意義，光憑字形，是毫無用處的。要認識漢字，必須從形、聲、義同時下手，三管齊下，纔有辦法。我們人類爲要表達心中的情意（就是「義」），纔創造出語言（就是「聲」），爲要使語言傳於久遠，纔創造出文字（就是「形」）。聲由義出，轉而生形；所以看到一個文字，必須把它翻成語言，纔能够知道它所表達的情意。

舉個例來說吧，我們看到「日」和「月」這兩個所謂象形文字，如果你不會把它所代表的語言的聲音念出來，（不管是用嘴念出，或在心裏暗讀）你絕不會懂得它指的是甚麼；可是如果你知道了前者念「ㄖ」，後者念「ㄩㄝ」，你就懂得前者指的是「太陽」，後者指的是「月亮」了。所以文字是離不開語言的，世界上不管任何一種文字，如果和語言脫節，就要失掉了生存的基礎。日本諸橋轍次所著的「大漢和辭典」，收有漢字四萬九千九百六十四字，眞是洋洋大觀。不過在那裏面，恐怕有四萬字要被列爲「死字」，因爲那些文字和我們現在的語言脫節，自然可以把它視爲失掉了生命的。

從上面的例子，可以使我們知道文字和語言，是會隨着社會的變遷和文化的需要，而生長和變化的。這種生長和變化，是自然而然的，如同一個人身體裏面的細胞的生長和變化一樣，雖然有時也可以用人工加以左右，但那力量是微乎其微的。我們只用一個「雪」字就能够適應我們的需要，而愛斯基摩人，却有幾百個用於「雪」的字眼；阿拉伯人也有幾百個關於「駱駝」的字眼，是外國人所沒有法子翻譯的。我們注重倫理關係，所以有「伯、叔、舅舅、姑夫、姨夫」等分別，而英語只有一個Uncle可用，就連和我們文化最爲接近的日本，也不過用一個Oji來稱呼。我們祖先的生活，和馬的關係很深，所以有騏、驥、駁、駑、驊、騮、驪、駒……等等幾十個用於馬的分別文字，這些文字現在都用不上了，因爲我們現在主要的交通工具是機器脚踏車，所以大家注意的是五十CC，一百CC，百五CC，以及甚麽裕隆牌、三葉牌、鈴木牌、新三東牌、本田牌……等等，我們的交通生活跟那些馬種已經脫離關係，自然那些文字就用不上了。

語言文字旣然要隨着文化的進步而進步，文化一有變化，語言文字自然就會跟着變化，因爲語言文字是代表事物的一種符號，事物有增減，語言文字自然必定要隨而生滅。語言文字旣有生長和變化，自然是活的，所以要把語言文字統制起來，使它定於一尊，永遠不變，是件辦不通的傻事，各國字典所以永遠必須修訂，原因就在於此，有人想要編纂一部標準大字典，眞是「其愚不可及也」。

文字旣然會生長，會變化，那麽，我們應該考察考察我們的文字，過去是怎麽樣生，怎麽樣長，好來推測它的將來，大概是會怎麼樣變，怎麼樣化，以便順其自然，制定適應的政策，規畫教育的方針。這就像我們想要知道一個人現在的性格以及將來的傾向，最好先調查他的祖先的血統和他幼年的情境，纔能夠對於他的將來，做一個預測。

據文字學家的研究，地球上產生人類，雖然已達五十萬年，但是產生文字的歷史，絕對不會超過一萬年。例如克洛圖（Clodd）的「字母的故事」（Story of the Alphadet）所說，巴比倫的楔形文字，大約通行於八千年前，埃及人發明標音文字，也不過七千年左右。這些都是他人瓦上的霜，暫且不去管它，現在先來掃掃自家門前的雪，考察考察我們的漢字吧。談起我們的漢字，歷史更短，大約至多只有五千年。易經繫辭傳說：「上古結繩而治，後世聖人易之以書契，百官以治，萬民以和」，孔子富有科學精神「無徵不信」，並不敢斷定我們的文字，是那個帝王的時代制作的；到了韓非子纔敢信口開河地說：「黃帝之時，倉頡始制文字」，據古史所傳，黃帝至今，只有四千五百年；到了孔安國作尙書序，纔又憑空地說：「伏羲氏始畫八卦，造書契，以代結繩之政」，這樣雖然可以再把它推前兩百多年，也不過五千來年的光景；何況伏羲和黃帝，都是傳說的人物，有沒有這樣的皇帝，還在兩可之間，所以韓、孔兩家的說法，不過想當然而已，是不足爲據的。我國最早的文字留到今天的，應該算淸末在河南安陽出土的刻在龜甲和獸骨上的卜辭，這些甲骨是商朝盤庚到帝乙的時代的東西，離現在不過三、一三二年到三、三六八年之間，在那數以萬計的甲骨之中，所用的文字，通共不過二千左右，其中十之七八是圖畫形式的象形文字。字體的構成，或倒或橫，或左或右，或正或反；文字的排列，或橫行或直行，或左讀或右讀，沒有規律固定的形式；同時，一字常有數種以至數十種的寫法；這些現象，都說明了商代的文字，還在創造形成的階段；也說明了文字是起源於圖畫，需要日積月累的進化，纔能達到完成的境地，絕不是一人的能力和一時的工夫所能夠創造出來的。

總而言之，文字是用以幫助語言，爲人類表情達意的工具，地無分東西，時不論遲早，它們的發展，都一樣要經過四個階段的：㈠用某種東西來表示意思的最原始的通知法；㈡爲便於自己的記憶，或用以通知別人，在木頭刻痕，或用草繩打結的記憶的記號；㈢把心裏的意思用圖畫表達出來的圖畫文字；㈣用符號表達聲音的標音文字。先說一說用東西表示意思的最原始的通知法：不要說古人，曾經用過「同心結」「如意草」以代語言，就在現代蘇門答臘的馬來部落，還通用着這種方法，他們用「鹽」送給對方以表示「喜愛」，用「胡椒」以表示「憎惡」，用「檳榔子」以表示「妬嫉」。不要說未開化的南洋土人，就在教育最普及、文化相當高的臺灣，一些高級酒家的陪酒姑娘，或豪華舞廳的伴舞小姐，她們起碼是國學士（國民學校畢業生），甚至有自稱大專之花的，在那裏面客串打滾，按說她們不但能言善道，而且都能夠寫一封文從字順的情書，可是她們和她們的那些「火山孝子」（臺灣叫做「熱猴」）之間，仍然喜歡使用東西來表達意思，大家熟知的「送巾斷根，送傘離散，送戒指好到死。」就是一個例子。這是因爲有些「難言之隱」，不便用嘴說出，寫信又着痕迹，於是乎這種「蠻性的遺留」，就被派上用場了，所謂「纏綿千萬語，宛轉一物中」者，是也。

至於結繩、刻木以助記憶，使用圖畫以達情意，古的遠的不必去說，就在臺灣的高山族，現在還有使用的，只要到臺灣大學考古人類學系的陳列室去參觀一下，就可以看到許多實物，恕我不多說了。圖畫文字簡化而成象形文字，例如畫了一個鹿形，以表達「鹿」的概念，就依照語言的說法，把它念成「ㄌㄨ」，於是乎同時又成了標音文字了。由此可見每個漢字，都是由形、聲、義三個要素構成的。漢字的研究家，常說它的構成，有象形、會意、轉注、指事、假借、形聲等所謂六書，這種說法，用於篆字，還可以說得通，至於今日的楷書，則因爲變化太多，已經不大適合，因此毛子水說：「六書那些瑣碎的分辨，實在沒有甚麼用處。」所以我們不去說它，只說說我們文字演變的經過，來供參考。我們最早的甲骨文字，筆畫複雜，非常難寫，所以周宣王時代太史籒，著了大篆十五篇，使漢字簡化而有系統；秦始皇統一天下，李斯又把大篆簡化而成小篆，結構謹嚴，筆畫勻稱，而書寫也更加容易了。後來程邈在獄中，費了十年的工夫，改成隸書，更爲清楚方便，所以通行一時；隸書又變成八分，變成草書，遂成爲一種藝術。後漢王次仲利用筆墨紙張的方便，改成楷書，遂奠定中國文字書寫的正體。楷書又應用草書的筆法，速寫而成行書，藝術氣味更臻濃厚，但是一般社會，仍舊通用着明白易識的楷書。

從上面所說的來觀察，第一，我們知道了文字是要以語言爲根本的，兩者可以相輔相成，却不能互排互擠。第二，我們知道了文字的演變，是由繁趨簡，由難趨易，如果想要反其道而行之，或想要用人工加以阻擋，都是走不通的死路。

上面說過，思想是語言的根本，而語言又是文字的源頭，因爲語言是思想的一種化身，而文字則是語言的一種化身；語言是用聲音以代替一個沒有聲音的思想，而文字則是用形狀以代替一個沒有形狀的語言；使用語言以表達思想，已經免不了多少有些「詞不達意」的感覺，而使用文字則又多出一層隔膜來，所以易經說：「書不盡言，言不盡意」，實在是兩句很中肯的話。因爲「書不盡言，言不盡意」，所以有一派佛學徒主張「不立文字」，主張「以心傳心」，的確是有他們的苦衷的。不過反過來看，語言可以使茫漠的思想明瞭化，而文字又可以使流動的語言固定化，所以言語和文字對於思想的發展，都有莫大的貢獻，而語言的貢獻特別多，特別大。

我們稍一注意，就可以知道嘴說的聲音語言比手寫的文字語言的種類多得多，它所表達的意思，也比文字語言來得細膩、豐富而直接；古人說：「與君一夕話，勝讀十年書」，又說：「見面三分情」，並不是沒有道理的。因爲一個人在說話的時候，語調有緩急剛柔，聲音有高低大小，字眼有輕重強弱；面部的表情，有喜怒哀樂；身體的動作，有傲驕隨便，謙卑恭敬；凡這一切都成爲表達情意的重要成分。譬如同是用「我恨你」這三個字，在說話的時候，要是把重音放在「我」字，則表示別人不恨你，只有我恨你；重音放在「恨」字，則表示我不但不喜歡你，簡直是恨你；重音放在「你」字，則表示我不恨別人，而只恨你。要是用反問的語調說出，則成爲這三種意思的反面。所以同樣的三個字，使用重音和語調的變化，可以表達出六種完全不同的意思，要是寫在紙上，就沒有法子看出它所要表達的，是六種中的哪一種了。由此可以看出，要用文字來代替語言，實在是一個太不完全、太不充分的代替；也可以看出，文字的表情達意，遠不如語言來得精細，來得有力了。（作者附言：這段話的材料，主要取自徐道鄰的語意學概論）。

在一般情形之下，文字的表情達意的力量，遠不如語言，但是文字却也另有它特別優越的長處，是語言所沒有法子做到的。大家知道，語言具有兩個大缺陷：其中一個是時間的限制，另外一個是空間的限制。音聲的作用，是一時的，同時，只能通用於狹小的空間的範圍；文字正好可以補救語言的這兩個大缺憾。語言的產生，最少有五十萬年的歷史，而文字的創造頂多不會超過一萬年，當中的前半截，只可以說是醞釀的時期，眞正完成而能夠供應實用，不過後半截的三五千年而已；但是有了文字以後的三五千年的文化的進步，比起沒有文字的那幾十萬年的成就，不知道豐富了幾千倍、幾萬倍呢！從這一點，就可以使我們看出文字的重要性來了。

總而言之，語言的兩大機能的意志的傳達和思想的集積，僅僅依靠語言本身，還不能夠把它充分發揮出來。因爲聲音一旦傳達於耳朶，馬上就要消滅下去，不能夠長久記憶於腦海中；更不能够把我們的意志和思想，正確而詳細地傳達於遠距離的人，何況後代？有了永續性的文字的記錄，則所有人類的意志和思想，橫的方面，可以傳達到千萬里之外的地球上的任何一個角落；縱的方面，可以上下幾千年幾萬年，使我們能够跟前人和後人，發生了廣泛而深刻的交通。同時，語言的表達，常常是不加思索脫口而出，所以容易流於淺薄粗糙；文字的紀錄，一般說來，總要經過一番精深的思考，詳密的比較，巧妙的選擇，反覆修改，千錘百鍊之後，纔把它公開出來，所以文字的發表，比起語言的敍述，參考價値更高，原因就在於此。

不過話又得說囘來了，文字可以把我們思考的結果，記錄起來，傳遞給別人和後代；有時也可以幫助我們自己，在思考的過程以至結果。有個記錄，免得忘掉；但是它對於思考作用本身，却沒有甚麼地位。因爲在我們的思想歷程中，我們是依靠直接代表事物的語言觀念和直接描繪事物的語言活動，來營運思考作用，那些間接工具的文字觀念和文字活動，是揷不上脚的；所以有人說：思考作用是自己跟自己說話，自己跟自己討論。這個說法，十分實在，並沒有絲毫的誇張，如若不信，請你閉起眼睛，思考我說的話，是對是不對；同時省察你在檢討這個問題時的思考歷程中，腦海裏所使用的工具，是語言還是文字，大家就不必再來爭論了。從這一點來看，言語對於思想，也就是對於文化的貢獻，似乎又比文字大了一些。總之，語言和文字這對難兄難弟，猶如車的兩輪，鳥的兩翼，可以相輔相成，各有千秋，是個不相上下，難分軒輊的文化上最重要的工具。

（五十六年十二月「國語日報」）

閑話國語

國語是甚麼？在研討之前，先來說明一番，比較方便一些。但是郁達夫曾經說過：「天下的事情，沒有比下定義更難的，也沒有比下定義更傻的。」確實說到了眞理的一面，我們似乎不必去勉爲其「難」，更不必去勉爲其「傻」，只好汎汎地把它描述一番，以便於閑話的進行。我以爲國語這個名稱，從廣義來說，指的是中華民國的語言。可是中華民國的語言，除了絕大多數屬於漢語系統以外，還有很小部分的好些種的非漢語系統的語言存在着；而在漢語中，除了多數屬於「官話」方言以外，還有成百成千的互不相通的方言分佈於國中各地；拿全國最小的省分的臺灣來說吧，除了閩南方言和客家方言以及七種山地方言以外，還有上海方言、福州方言和各省互不相通的方言，在各小集團內各行其是。這種無政府狀態的語言分佈情形，對於團結民族，建設國家，是有莫大的阻礙的，所以民國一旦成立，黨國元老像吳稚暉、蔡元培諸先生，就努力於讀音的統一，標準國語的指定這些工作了。

國語的指定，依照各國的成例，是以首都所在地的受過中等以上的教育的人，所說的話做爲標準的，所以民國九年南京高師英語系張士一主任主張：「由教育部公佈合於學理的「標準語」定義，就是定：至少受過中等教育的北京本地人的話爲國語的標準。」接着，教育部公佈「國音常用字彙」時，也附有說明：「指定北平地方爲國語之標準，……國音就是普通所謂『官音』。這種音本是北平音，……它靠文學與政治的力量，向各地推行，六百年來早已成爲全國的標準音了。」從此以後，北平音就正式成爲國定的標準國音，北平話也就正式成爲國定的標準國語，我們必須用它來從事教育，推行政令，肆應外交；終於成爲聯合國五種法定用語中的一種了。

國語的統一，對於國民的團結，是一個很重要的因素，所以推行國語的工作，是教育上一個很重要的部門。臺灣過去因爲客家方言和閩南方言兩不相通，所以在政治上的人事安排，每每叫當局感到頭痛。近來因爲大家有了國語可以共用，這種顧慮，因而逐漸減少，實在是個可喜的現象。加拿大因爲魁北克有四百五十萬說法語的人民，這種人民散居各地的也將近二百萬人，他們時常在政治上和文化上跟說英語的人民發生摩擦，有時鬧得天翻地覆，使得執政者焦頭爛額；舉這一例，就可以知道統一國語工作的重要性了。

我國語言雖不統一，幸而文字一直是統一的，所以還有一個維繫全民於一致的工具，不致使國家永遠分崩離析。瑞典漢學家高本漢說得好：「這個大國裏，各處地方都能互相結合，是由於中國的文字，一種「書寫的世界語」作了維繫的工具。假使採用音標文字，那麼這種維繫力量就要摧毀了。」 國父的孫文學說中也說過：「今日中國人口四萬萬衆，其間雖不盡能讀書，而率受中國文字直接間接之陶冶。外至日本、高麗、安南、交趾之族，亦皆號曰同文。以文字實用久遠言，則遠勝於巴比倫、埃及、希臘、羅馬之死語。以文字傳佈流用言，則雖以今日之英語，號爲流布最廣，而用之者不過二萬萬人，曾未及用中國文字者之半也。」這些話都是實在的情形，我們的文字，確實對於我們國家的造成，是有莫大的貢獻，誰也無法否認的。

可是時代已經變遷了，以前靠「文言」來「書寫的世界語」以執行的維繫工具所佔有的寶座，現在必須禪讓給現代用「白話」來「述說的世界語」了。第一，這是一個由專制政治的時代變遷爲民主政治的時代；專制政治把人民分爲「治人者」和「治於人者」兩個階級；它可以用艱深而難學的文言，去訓練很少數的治人者，使他們來辦理行政，而放任極大多數治於人者的蚩蚩者氓於不顧，天下仍然可以太平；可是民主政治則不然了，在這樣的政制之下，上自國家的大政，下至地方的小事，人人都有權利去過問，也都有義務去參加，他們彼此之間，就必須採用一種淺顯而易懂的白話，去做聯繫的工具，纔能夠使國語教育普及於大衆，而收到萬民一心的效果。

第二，這是一個由文學的時代而變遷爲科學的時代；過去我們只要把畢生的精力花費於國文，把國文學好，就可以光宗耀祖，一生吃着不盡，進而治國平天下，所以他們可以焚膏油以繼晷，恒兀兀以窮年於十三經、二十四史的鑽研；現在却不成了，我們除了聲光化電之外，上至天文，下至地理，要我們學習的東西實在太多了，那裏可以讓國文的學習去占着太多的時間？因此，改用簡易的國語，以適應這個新的情景，是勢所必然的。這個情景，並不始自今日，五十年前早已這樣了。民國八年蔡元培先生就曾經說過：「從前的人，除了國文，可算是沒有別的功課；從六歲起，到二十歲，讀的寫的，都是古人的話，所以學得很像。現在應學的科學很多了，要不是把學國文的時間騰出來，怎麼來得及呢？而且從前學國文的人，是少數的，他的境遇，就多費一點時間，還不要緊。現在全國的人，都能寫能讀，哪能叫人人都費這許多時間呢？歐洲十六世紀以前，寫的讀的都是拉丁文，後來學問的內容複雜了，文化的範圍擴張了，沒有許多時間來摹仿古人的話，漸漸兒都用本國文了。……日本維新的初年，出版的書，多用漢文體，到近來，幾乎沒有不是言文一致的。可見由間接的趨向直接的，是無可抵抗的，我們怎樣能抵抗它呢？」

拉丁文在歐洲各國，相當於我們的文言文；各國的本國文，則相當於我們的白話文；歐洲人在政治上、文化上、教育上，早就放棄了已經僵硬的拉丁文，而採用活生生的本國文。就連最保守的天主教，也於最近在梵蒂岡召開的大公會議中，決議望彌撒時，廢棄使用了千餘年的拉丁文，而改用各國的現代語；這個改革方案，已由教宗保祿六世，明令全世界的教會一體遵行了。整個世界都是朝向現代化的路上走，我們怎麼可以單獨開倒車，主張要學童使用很多的工夫，去死背那些不切實際的三言、四言、長短句的對偶韻文、詩選、文選，以及汗牛充棟的「聖賢書」呢？

說到這裏，一定有人要提出疑問：幾千年來，我們一直倚靠文言的國文，來做維繫整個民族的工具，現在改用白話的國語，它能不能承擔起這個任務呢？我的回答是：能！蔡元培先生在五十年前，也早就想到這個問題了。他說：「有人說：文言是統一中國的利器，換了白話，就怕各地方用它本地的話，中國就分裂了。但是提倡白話的人，是要大家公用一種普通話，借着寫的白話，來統一各地方的話，並且用讀音統一會所定的注音字母，來幫助它，那裏會分裂呢？要說是靠文言來統一中國，那些大多數不通文言的人，豈不屏斥在統一以外麼？」蔡先生的這段預言，也在臺灣得到證實了。光復當初，內地來臺的人士跟本省人，因為語言不通，彼此在感情上發生了很大的隔膜，以致引起了一次二二八不幸的事變。現在經過二十年國語推行的努力，不但內地來的人跟本地人，由於大家懂得公用一種普通話的國語，可以無分彼此，打成一片，連以前「客家」「福佬」的畛域，以至山地同胞的歧紛，也都有了聯繫的工具，因為語言不通而形成的對立，雖還不免積重難返，卻也已經漸漸趨於泯滅了。君不見每年有成千成百的本省小姐，肯於跟退役的內地榮民，到法院去辦理公證結婚，不是一個最好的明證嗎？

最後還有值得注意的一點，就是現在已經是由訴之於眼睛的文字的時代變遷而爲訴之於耳朵的語言的時代了；四十多年前，吳稚暉先生曾經把文字跟語言的力量和效果，做了一個比較說：「用口耳交涉者，效大而力小。……用此等方法，給人知識，一則能詳細指陳，一則能趣味甚多，自然收效極大，故曰效大。但……口在那裏說，耳在那裏聽，必口耳同在一個時間，及同在一個地方，方能行此交涉。……那就可用的力量，變成非凡之小，故曰力小。用筆目交涉者，效薄而力大。用筆目交涉者，便是用書報傳布。書報儘管做得生龍活虎，終沒有口講指畫的容易感動，所以它本身的效力，比較教授講演，自然遠不相及，故曰效薄。然而……用手來寫着書報的人，既可以在任何時間，及任何地點，把它寫起來。用他的目來看書報的，亦可在任何時間自看，及送到任何地點去給他看。……辦這個交涉，能够使出的力量，便非凡之大，故曰力大。」

吳稚暉先生的這一段話，雖是老生常談，却說來娓娓動聽，其中所述的用口耳交涉者效大而力小，用筆目交涉者效薄而力大；在四十年前確屬實情，可是在四十年後的今天，却不盡然了。今天是個有聲電影的世界，是個電波廣播的世界，是個電視遠達的世界，如果利用人造衞星在太空轉播，可以使你的聲音笑貌，同時傳達於整個地球的各個角落，無遠弗屆，不受地點的限制；如果利用有聲的紀錄影片攝取下來，那麼你那耳提面命的動作，也可以永遠存留於人世，使萬古千秋的後人，都能夠接觸到你的謦咳，不受時間的限制；這樣一來，國文所具備的優點，國語幾乎都可以發揮出來了，那麼，國語不但比國文效大，而且比國文的力也强了。所以語言的訓練，是要先於文字的訓練的。陳雪屏先生在四十二年十二月六日新生報上說過這樣的話：「文章與語言分離過遠，結果徒然充滿濫調和空疏的辭句而已。言語的訓練，直接對於作文能有補益，而間接便幫助思想的發展。」

陳雪屏先生不但是個優秀的教育家，而且是個傑出的政治家，他認為國語教育不但是思想教育的先驅，而且是政治教育的基礎，所以接着又說：「在民主政治時代，也可說是羣衆時代，言語不能只作為少數人的特長，應該使它變成每一個參加社會活動者所必具的技能。在各級學校中，都宜設置訓練言語的科目，特別是在中學，要力求語文訓練密切聯繫，互相補益。大學為培養社會領導人材的場所，更應重視言語。福來克納爾曾概括說明牛津和劍橋的特點：每一學生能說，能寫，能行。這與孔門四科教育的理想，頗相髣髴。我們過去的教育，久已忽視言語的功能，這損失延到現在，已很不容易補救。」

依照陳先生的意見，不但國民學校的課程應該叫做國語科，就連中學和大專的國文科也應該一律改為國語科；因為依照歷史的演進，人類是先有語言，後有文字，文字是從語言派衍出來的，用以做為語言的補助工具，不該反客為主。我們一向是以語言包括文字的，所以我們不說「下筆千字」，而說「下筆千言」；不說「上萬字書」，而說「上萬言書」。這種用法，是兩千年以來，一向如此的；例如左傳的「太上有立德，其次有立功，其次有立言，此之謂三不朽。」戰國策的「臣請三言而已矣。曰：海，大，魚。」史記的「老子乃著書上下篇，言道德之意，五千餘言而去。」這些句中的「言」，指的都是「字」，可見自古以來，語言可以包括文字，也就是說，國語可以包括國文。這不是我所杜撰的曲解，宋朝的畢仲游，早就這樣說過了。他在與蘇軾書中說：「夫言語之累，不特出於口者爲言語，其形於詩歌，贊於賦頌，託於碑銘，著於序記者，皆言語也。」由此可見，主張以國語包括國文的，並非「崇洋媚外」的邪說，乃是發揚先聖先賢所留下的「中華文化」的正論啊！代表「中華文化」的儒家，十分重視語言教育，孔門四科，以言語跟德行、政事、文學並列。孟子也誇贊「宰我、子貢善爲說辭。」而他自己也是一位能言善辯之士。提倡「復興中華文化」，而反對重視國語教育，豈非南轅而北轍乎？

（五十七年一月「國語日報」）

與胡秋原先生信

秋原先生：頃讀第六卷第二號的中華雜誌，裏面「通信」中有曾湘石君給先生的一封信，其中有一段說：『現在國語日報社有「樓房兩座」與「資產數百萬」，的確是鐵樣的事實。但是另有一件他不會提到的鐵樣的事實——那「樓房兩座」與「資產數百萬」，完完全全是竊盜國家的財產；是將國有財產化公爲私，使國有財產成了「梁容若幫」的私有物。國語日報的財產原是教育部和省教育廳的財產，梁容若等於三十八年三月非法成立了一個國語日報董事會，又于四十四年六月改組爲「國語日報有限公司」前教育廳長劉先雲曾予駁斥有案。……我想寫一報告送給貴誌，……不知貴誌以爲如何？曾湘石敬啓』先生在信末寫了一個回答說：『湘石先生：只須眞實，有據，或可證明，即可寫來，且下期一定刊出。任何麻煩。皆在意中，亦皆所不計也。秋原敬

復。」

曾君歷次指摘梁容若君各節，乃梁君個人的私事，是是非非，與我無涉，更與國語日報無干。唯信中對於國語日報的誹謗誣衊各點，我承該報董事會聘爲社長，負責達二十年，關係最深，知悉最詳，實有代表本報同人出來駁斥澄淸，以正視聽的必要。爲使要說的話容易淸楚起見，特將詳情，分段臚陳如下：

一、本報係根據三十七年六月教育部令本部國語推行委員會專任委員何容的國字第三三七三號訓令而創辦的。訓令文原文，抄列於後（證據一、訓令抄本）

二、根據上面的訓令，我們知道教育部叫何容和魏建功主持國語日報時，答應把北平三日刊的國語小報移來臺灣，改爲日報；一次撥給國幣七十六億一百萬元做爲開辦費；以國語小報的員工名額，做爲國語日報的編制。並把前者的經常費，自七月份起，移歸後者；經營原則，應厲行成本會計，除員工名額及經費預算，暫由教育部核給外，將來一切業務開支，應由該社力求自給自足。何容和魏建功秉承訓令的指示，就着手籌備，由魏建功擔任社長，聘請北平國語小報的負責人王壽康爲副社長，請他把國語小報的各號注音國字銅模和幾架印刷機等器材，押運來臺供用。不意這個時候局面惡化，幣制改革，教育部所答應給的七十六億一百萬元，只能改發金圓劵一萬元。而北平國語小報並未將全部器材移交，只給一架破舊的四開印刷機，交由王君帶來臺灣。國語日報社領到一萬元金圓券時，適遇幣值劇降，除了在東門買到一個廠房以外，就沒有什麼剩餘了。教育部允給的編制和經費，又因爲中央政府再三播遷，無法撥付，大家只好向臺灣省國語推行委員會由教育部借到的一副殘缺不全的五號注音國字銅模，轉借過來（這副銅模後由教育部收回。）和那架四開機拼湊，（後來那部印刷機壞得不堪使用，作價貼款，另購一副新機）籌備出版，從七月籌備到光復節，好不容易發刊了創刊號，但是因爲器材不足，又經過了近二十天，纔於十一月十三日出版第二號，以後雖然勉强支撐，時出時停，經費既無來源，銷路又打不開，而員工都是活人，非吃飯不可，薪金積欠數月，大家不肯干休，只好把廠房賣掉，清理債務，遣散員工，而搬進植物園，寄生於臺灣省國語推行委員會。國語會以人力幫助報社出報，而以報紙爲推行國語之刊物。雖然這樣，仍有隨時停辦的危險；所以在陳故副總統主持省政時，本報傅斯年董事長曾經請其收爲省辦，列入編制，陳副總統告以政府正在精簡機構，不能再背包袱；因當時省府有一筆指定用於教育的捐款，乃以預定付印的黨義書籍三十萬冊，交由本報用注音鉛字承印，使本報賺到報紙一千令，得以起死回生。教育部和教育廳給予本報的扶持，雖不算不力，卻沒有交給本報「樓房兩座」和「資產數百萬」，不知道從那來的那些「國家的財產」，可以供本報去「盜竊」？

三、先生必定深悉「國有財產」和「政府資助」的分別，自然不會容許妄人硬誣接受政府資助爲盜竊國有財產。內地時代可不必說，就在臺灣，中央和地方各級政府都曾經大量撥款以補助公益事業，使其能夠達到「自給自足」的境界，以協助政府，辦理公益，節省預算。例如謝東閔所創辦的私立實踐家政專科學校，在開辦當初，就曾經接受省政府的補助，前後達一百八十萬元，現在該校經謝氏數年來的銳意經營，全部校舍和設備的價值，已經高達數千萬元。這些校產能說它是盜竊的國有財產嗎？

四、教育部訓令何容創設本報，扶植的步驟是：㈠撥發開辦費，㈡核給員工編制和經費預算，㈢最後要由該社力求自給自足。本報經由歷屆各位董事的策劃和全體工作同仁的努力，在很短的時間中，即由第一階段跳入第三階段。發行報份也由五百份發展爲四萬多份，對於統一國語運動的貢獻，不能算小；可以告無罪於教育部和臺灣省教育廳，也算無負於朱故部長的委託了。

五、本報發刊不久，由於沒有法子獲得教育部預定核給的「員工編制及經費預算」，正在瀕臨停辦的邊緣，恰好國語運動的領導人，教育部國語推行委員會主任委員吳敬恒稚暉先生到臺灣來了，大家趕緊找他去求救，他也無能爲力，只簡單地給了一個指示：『我想你們應該把它當做一種社會事業來辦。』依照我們的了解，這句話的言外之意是：『你們最好死了再向政府要錢這條心吧。』在這種情形之下，乃商請稚老，由教育部國語推行委員會的在臺委員吳敬恒、陳懋治、汪怡、胡適、傅斯年、齊鐵恨、王玉川、何容等，共同具名（證據二、聘書影本），邀請臺灣省國語推行委員會的常務委員方師鐸、李劍南、祁致賢、王壽康、梁容若，以及本省熱心國語運動的人士黃純靑、游彌堅、李萬居、杜聰明、洪炎秋等爲董事，於民國三十八年三月十三日，正式成立「國語日報董事會」（證據三、董事會成立時像片），推傅斯年爲董事長，洪炎秋爲社長；後因傅斯年先生忙於臺大校務，勢難兼顧，乃改推游彌堅先生接任董事長。由此可見，本報董事會，乃是教育部國語推行委員會主任委員吳稚暉先生，行使國家所賦予的職權，在他所主管的業務範圍內，會同在臺委員，代表教育部，依法邀請成立。曾君誣爲「非法成立」，應負誹謗的刑責。四十四年六月，經董事會議決，增聘羅家倫、田培林、黃啓瑞三位先生爲董事。自此以後，本報由於歷屆董事領導有方，全體同仁服務得力，經濟基礎，遂得以日臻穩定，編經兩部的成績，也隨而日現輝煌了。

六、就在這個時候，忽遇晴天霹靂，省國語會奉令遷於郊外，將其原址讓給中央圖書館，致使本報無所依存，幾被粉碎，幸有平素往來銀行，貸給借款，得以在長沙街購買三層小樓一座，於四十四年七月間搬入，繼續經營。在購買房屋當時的董事會，沒有法人身份，不能登記產權，如用社長個人名義登記，則社長一有更動，產權登記必須隨而改變，並且容易引起誤會；如要申請登記爲公益性質的「財團法人」，則手續繁雜，曠日持久，產權不得登記；乃於四十四年六月十九日由董事會議決，先行成立容易登記的股份有限公司，以便登記產權；並經議決：『國語日報社所有財產，係屬社會事業基金，應以全體董事爲管理人。其經營所得之利潤，必須用於國語推行事業，其使用方式，須經管理人過半數之同意決定之。』同時根據這個原則，訂定了「國語日報社財產管理人公約」六條，共同遵守。公約訂定後，遂於四十五年二月十六日着手進行，於八月二十九日正式成立「國語日報社股份有限公司」。公司成立後，並於同年十一月十八日，由全體董事携同公約，親到臺北地方法院去辦理公證手續，每人取得認證書一份（證據四、臺北地方法院公證處認證書影本）。

七、股份公司在民法上和公益法人的財團法人的性質不同，乃屬於營利法人，可以擺出純粹的企業姿態，來處理社務，遂遵照教育部訓令所指示，「厲行成本會計」，不但達成教育部所希望的「一切開支」，全由本社「自給自足」的目的，而且內容日趨充實，營業月有盈餘，對於本省的國語教育，貢獻很大，深爲教育廳劉先雲廳長所嘉許，遂以教四字第〇三一四七號函令全省各縣市（局）政府和各省立小學，規定國民學校應行訂閱國語日報數量，令中說：「一、查國語日報，內容充實，有關輔助國語教學方面之題材，極爲豐富，爲一具有教育意義之報紙，適於兒童課外閱讀，茲規定各國民學校學生，四年級以上者，每班至少訂閱一份，報費由各該班級學生平均負擔。二、（希查照飭遵）（仰遵辦）。三、本件副本抄送國語日報社。廳長劉先雲」（證據五、原函令影本）。在公司尚未改爲財團法人時期，教育廳劉先雲廳長確曾令省國語會主任委員何容「編列經費及人員」，經何容呈復在案。何容並曾聲明他不能否認國語日報董事會之存在，更不能以省國語會主任委員的身份，來執行「接收」國語日報的命令，曾君所用的「駁斥有案」四字，堪稱刀筆。

八、本報雖爲一時方便成立公司，但是一切財務，完全遵照公約辦理，所有盈餘，全都滾入基金，以發展本報業務，並由於經營得法，全部財產到了四十七年年底，由原來的十七萬元，增加到一百三十五萬四千三百多元，用以添購大理街樓房一所，充做印刷所；又向日本訂購馬尼諾捲筒機一部，以應付報份增加的需要。於是乎樹大招風，引起覬覦，遂有省國語會舊職員張××和曹××，鼓動另外七個職員，於四十八年一月十七日，聯名寫信給我，要求「化公爲私」，「利益均霑」，「分配利潤」等等無理的要求。信中說：『一、國語日報之發展，係國語會全體同仁十年來出力支持之結果，今國語日報賺錢，並已有少數人分益，國語會全體同仁，理應利益均沾，以示公允。二、國語日報之有今日，賴國語會同仁之處頗多，口口聲聲不想化公爲私，然由少數人把持，與化私無異，今後則應開誠布公，換言之，報社一切應由會同仁過問，不能由少數人自封自爲，董事應由會全體同仁投票選舉，股票合理分配（註：本報從無股票可供分配）。三、報社在法院公證，係於廳令之後爲之，此乃衆人皆可作證之事，於法不合。大家之所以忍氣吞聲，是乃顧全大局，茲有少數人擅自分配衆人努力之成果，置衆人於不顧，是乃不顧全大局者，如其然也。衆人何惜？希1.先依法分配利潤，以平衆怒，而示誠意。2.再重新改組董事會，以維國語日報之存在發展！此致國語日報社社長（姓名從略）。四十八、一、十七。』（證據六、原函像片）。我接到信後，就召集常務董事開會討論，一致議決：置之不理。他們又於一月二十日再來信說：『一、元月十七日函諒悉，內中所提⑴先公平分配利潤⑵由國語會全體同仁改選董事，重新組織董事會⑶股票作公平的分配，希誠意採納付諸實現。玆洪恭候至一月廿六日，如仍無着落，則將不惜任何後果。二、特再函達。此致國語日報社社長。（姓名從略）四八、一、二一。』（證據七、原函像片）。我乃復函告以違照議決不能接受。七位列名者皆已明白了情形。知其不可爲。只有張、曹兩人以油印的信，說「還有更厲害的爭鬪」，並且編了一本「國語日報的誕生成長與滅亡」的小册子，在外散佈。並於十一月廿五日聯名寫信給我和何容說：『何、洪二位先生：根據「國語日報的誕生、成長與滅亡」的實情與服務國語日報多年之事實，提出下列要求：一、聘請〇〇與〇〇爲國語日報社之捐款人，常務董事。二、如上項不可能時，可否以社長、副社長等代價聘請？「可」「否」請於下（十二）月二日以前回答，請勿自誤！專此，敬祝大安，曹××，張××上，十一月廿五。』（證據八、原函和原信封照片）雖然他們所印發的那一本小册子，文字十分刻毒陰狠，但是我還是不想說出二人的名字；因爲要是讓各方面都知道了這本蓄意誣陷多人的匿名小册子是某人寫的，可能有些「麻煩」會落到他自己的頭上。何況曹君會經單獨給過何容一封相當禮貌的信；此時更不必再說出他的名字。

（九、我們爲使本報名實相符，免滋誤會起見，遂經董事會議決，進行改組財團法人的手續，並邀請臺灣省教育廳的副廳長、國語推行委員會副主任委員、主管社會教育的第四科長、和主管國民教育的第五科長爲當然董事，以加强董事會的組織，便於業務的開展。就於四十八年四月十日在陸軍服務社召開財團法人國語日報社籌備會議，除公司的董事外，有臺北市社會局簡坤山臨席指導，省教育廳廳長劉眞，第四科長陳志先、第五科長朱滙森參加，由協同朱部長創辦本報的前教育部政務次長，現任師大教育研究所主任兼本報董事田培林擔任主席，董事方師鐸擔任紀錄；先將「財團法人國語日報社捐助及組織章程」修正通過；繼即投票選舉董事，其結果：㈠當然董事爲：教育廳副廳長賴順生，教育廳國語推行委員會副主任委員洪炎秋，教育廳第四科科長朱滙森，教育廳第五科科長陳志先等四名；㈡董事爲：方師鐸、杜聰明、田培林、李劍南、李萬居、梁容若、羅家倫、何容、黃啓瑞、黃得時、洪炎秋、祁致賢、齊鐵恨、游彌堅、汪怡、王壽康、王玉川等十七名，㈢董事長：游彌堅當選；㈣常務董事：方師鐸、李劍南、梁容若、何容、洪炎秋、祁致賢、齊鐵恨、王壽康、王玉川等九名當選。（證據九、財團法人國語日報社籌備會議紀錄油印本）。

十、籌備會議開過了後，當即辦理公司的結束，於四十八年七月廿四日，檢同有關文件，呈文臺灣省政府，爲設立財團法人國語日報社，申請准予發給許可證書，俾便登記。直至四十九年一月廿一日，始奉到省政府教五字第六二五六〇號通知，「應准設立。」（證據十、省政府通知像片）。應准設立通知奉到後，卽將四十九年一月公司解散後所有的財產一百九十七萬七千零四元七角三分，悉數捐給財團法人，作爲基金，隨卽檢同證明文件，塡具法人登記聲請書，於四十九年二月十二日呈請臺北地方法院登記處登記，二月十七日領到證字第十二號的法人登記證書，（證據十一、臺北地方法院法人登記證書像片）。自此以來，本報卽正式成爲名實相符的公益法人，秉承教育部訓令的宗旨，遵循省政府核准的章程所規定，履行法律對於公益法人所要求的任務，建立吳稚暉老先生所昭示的社會事業所應具的基礎，以經營本報，來龍去脈，一切全部合法合理；董事和員工，雖有有給和無給的分別，却全是這個公益事業的公僕，爲國家和民族而服務，並不是所有主。報社的組織，雖有幾次的改變，總是「化公爲公」，萬變不離其宗；只要看看董事會中，有羅家倫、田培林、林語堂諸國家大老，有杜聰明、游彌堅、黃啓瑞諸本省名流，參加其中，就可以推知本報的組織，絕對不會是曾君所誣蠛的「梁容若幫」；本報的財產，更絕對不會像曾君所造謠譭謗的那樣，『後來由于梁容若等又用種種方法，終於達成了化公爲私的目的』了。

十一、梁容若先生係本報創刊時的第一任總編輯，並曾改任過副社長；組織董事會，也被吳稚暉諸位在臺委員聘請爲董事；自稱是本報原始創辦人之一，絕對眞確。他在任內，頗多建樹，尤其是主編「古今文選」註釋詳明，譯解精當，對於本省國語文的敎學，貢獻極大，也是不可抹殺的大功勞。不過自從他任敎東海大學以後，由於距離過遠，在本社只是二十一名董事中的一名，除了主編雙週刊「書和人」以外，不管任何實務。曾君誣毁本社同仁爲「黨」而冠以「梁容若」之名，其用心何在，可「想」而知。他又說：『他們痛恨貴誌異常，聞……。』輕輕拈出一個不負責的「聞」字，來挑撥是非；貴誌以及貴誌的讀者，大概不至於信以爲「眞」而上他的當吧？

秋原先生！曾湘石君說他「想寫一文，送給貴誌，……不知貴誌以爲如何？」先生告以「只須眞實、有據、或可證明，卽請寄來，且下期一定刋出」；態度十分正確磊落，叫人佩服。不過我有兩句話，請求先生轉告曾君，請他不要藏頭掩尾，暗箭傷人，應該向許逖先生學習，使用眞名實姓，「爲文就事論事，對自己的良心和國家的法律負責」（引用貴誌同期許文的語句），纔是大丈夫應有的行徑。同時，我對先生也有一個請求：我這一篇小文，完全符合先生所要求的標準：「眞實、有據、或可證明」，並「對自己的良心和國家的法律負責」，希望依照出版法第十五條所規定，作爲對曾文的「更正」，「來函照登」，並且「下一期一定刋出」（所附證據，自可略去。）〔下略〕弟洪炎秋敬啓五七、三、八

附證據一

教育部訓令　國字第三三七三三號令本部國語推行委員會專任委員何容

查臺灣省推行國語已著有成效，各級教員及社會人士均感有編刋注音報紙之需要，玆經本部核定：將北平「國語小報」移臺辦理，改爲「國語日報」，着由該會常務委員魏建功，專任委員何容，負責主持，迅速籌編出版。玆將「國語小報」移臺辦理要點，列示如左：

1.國語小報移臺灣辦理。爲適應當地需要，改爲「國語日報」。2.國語日報經營原則，應厲行成本會計，除員工名額及經費預算，暫由本部核給外，將來一切業務開支，應由該社力求自給自足。3.國語日報之開辦費，暫先一次撥給國幣七十六億一百萬元。4.國語日報社之員工名額，暫以國語小報社原有編制爲限。5.北平國語小報於六月底停刋，全部員工自七月份遣散，以原有員工名額七至九三個月之薪津，作爲結束及遣散費，不另撥給。6.北平國語小報之經常費，自七月份起，移歸臺灣國語日報社。7.臺灣國語日報之籌備工作，應於九月底完成，而於雙十節正式出版。8.在中央未訂定臺灣「照指數發薪」辦法以前，國語日報員工薪金加倍數，由本部函財政部，仍照北平指數發給。

除分令外，合行令仰遵照，並來部具領開辦費爲要。

此令

部長　朱家驊

中華民國三十七年六月日

附證據四

國語日報社財產管理人公約

國語日報之基礎，賴原有董事會全體董事及國語日報社全體同仁共同努力，並蒙社會熱心國語運動人士多方扶持，始得確立。茲爲發展業務，組織股份有限公司，其現有財產須作爲公司股份，而以全體董事爲管理人，共同管理之，管理人簽訂公約如左：

一、國語日報社財產係屬社會事業基金，不屬於管理人所私有，任何管理人不得以其管理權授與他人。

二、國語日報社財產經營所得之利潤，必須用於發展國語日報及推行國語教育事業，其使用方式須經管理人過半數之同意決定之。

三、管理人除自行放棄其管理權，及因遷離報社所在地（暫定臺灣）或因在法律上喪失公權而喪失其管理權者外，均得終身保有此項管理權。但自行放棄或因故喪失其管理權者，不得請求恢復。

四、管理人有放棄或喪失管理權者，其餘管理人得經半數以上之同意，另行邀請對國語日報有貢獻者參加管理。

五、本公約經全體管理人之同意蓋章並經臺北地方法院公證後生效。

六、本公約一式二十份，除管理人各執一份外，並以兩份存於國語日報社股份有限公司，一份存臺北地方法院公證處。

與胡秋原先生信

簽約人（依姓名注音順序）

方師鐸　杜聰明　田培林　李劍南　李萬居　黃啓瑞　齊鐵恨　梁容若　黃純青

游彌堅　羅家倫　洪炎秋　汪　怡　何　容　祁致賢　王茀青　王玉川

中華民國四十四年十月　日訂

（五十七年三月「中華雜誌」）

再與胡秋原先生信

秋原先生：三月二十二日大教敬悉。來教中說：「弟願直說，尚不能判斷此一問題，此非謂弟之知識不及此，而是此尚須看其他之證據，而弟實無興趣于此。來函照刊者，敝誌對此事，至此並無意見；萬一先生與會君再有信來，亦照刊而已。」先生所言，似甚公平，却未免會上壞人的當，讓壞人去「借刀殺人」，利用貴誌以爲散布誹謗文字的工具，亦可謂爲智者千慮之一失。弟意兩方再有信來，似應檢討其內容有無犯了誹謗罪之處，再定登否，以免遭遇代人頂凶之累；因弟的信，只是用「證物」做根據，據實直書，並沒有誹謗、漫罵的語句夾雜其中，雖登千篇，也沒有問題；而會君所寫的，則與弟相反，除侮辱、誣陷、誹謗等明顯構成刑法第三百十條第二項罪狀的字句以外，其他所說的，也多是歪曲事實，不能舉證的含沙射影的寫法。例如他把教育部所打算要撥而終於沒有撥給的「國語小報」的好些印刷器材和「經費與二十幾個員工的人事費」，當做業已實現的事實敍述，接下去就揑詞說：「但是國語日報的全部員工……支領省教育廳的薪俸。」來影射向教育部所領到的「經費與二十幾名的人事費」，全被所謂「梁容若幫」所貪汚吞沒下去的意思。此是曾信中第一項重要的誣衊誹謗。

說到承印省政府三十萬册黨義書籍，由臺灣紙業公司配售三千令印書紙時說：「（剩下很多，全部以暗盤出售謀利）……印刷油墨也是由省國語會辦公費項下變象報銷的，至於印工方面，當然全是由省府開支，國語日報社是沒有開支過一分錢的人事費的。如此這般，梁幫私人便已又賺了一筆大錢。」查國語日報處在瀕臨死亡的邊緣，乃由傅斯年董事長去請求陳辭修主席把它納入編制，收歸省辦，陳主席不肯接受，而答應將一筆文化捐款的四分之一預定印黨義書籍的舊臺幣廿億元，依照商業行爲的程序，撥交本報承印，使本報賺到一千令的紙張，得以起死囘生；這雖然是陳主席所給予的一項特惠，但是從估價以至驗收，完全依照法定手續辦理，毫不苟簡，這批買賣，承攬的是嚴正的傅斯年董事長，批准的是果決的陳辭修主席，負責監督的是精明的陳雪屏教育廳長。這三位主管，都不是可以隨便任人愚弄欺騙的，豈能容許「梁幫私人便已又賺了一筆大錢」？此是曾信中第二項重要的誣衊誹謗。

他又說：「而報費的盈餘却是每日一萬數千元，每月所盈餘的數十萬元，由一個小集團來巧設名目，分贓分光。」查本報由五百份開始，苦心慘淡，經營了二十年，到了近年，纔發展到每天發行四萬多份。這樣的一張發行不多，廣告又少的教育性的小型報，那裏能够「盈餘每日一萬數千元，每月盈餘數十萬元」。報業不景氣，乃屬近年世界的普遍現象，臺灣也難例外，整個自由中國的報紙，臺北計有十五家，各地方也有十五家，此三十家中，大都只能勉强維持，即以所謂「五大報社」來說，它們的廣告又多又貴，大家都認爲是最能賺出大錢的，可是要它們家家每月準能盈餘數十萬元，也屬難事，而謂小小的國語日報能够這樣，豈非天大的謊話？至於說：「每月盈餘的數十萬元，由一個小集團來巧設名目，分贓分光」，更是造謠誹謗，到了自打嘴巴的程度！既然「分贓分光」了，那能會有曾君自己說的「樓房兩座與資產數百萬，的確是鐵的事實，」存留在福州街上呢？此是曾君第三項重要的誣蠛誹謗；只這三項，已足够構成犯罪條件；其他小節目，可以毋須再去細列。

爲使各界明瞭實情起見，現在不妨順便把本社歷來的經濟狀況，向社會公開一下。本社在三十八年遷入國語會時，教育部所發的開辦費，已經賠光，經費和人事費又無法領到，只靠那付殘缺的銅模和印刷機、國語會的人力協助、和省籍董事的信譽擔保，得以向銀行借些周轉金來維持以外，可以說沒有分毫實在的財產了；等到獲得承印省府書籍所得到的千令報紙和一些添補的器材，才有一點經濟基礎；於是勒緊腰帶，埋頭苦幹，到了四十五年成立公司時，計共獲得了十七萬元的資本，到了四十九年二月成立財團法人時，已滾成一百九十七萬多元，乃全部捐出，作爲財團法人的基金。從此以後基礎日固，報份日增，形勢也因而日漸好轉，年年都有盈餘，全部依法滾入基金，計四十九年度盈餘六十八萬多元，五十年度盈餘一百十七萬多元，五十一年度一百二十七萬多元，五十二年度九十一萬多元，五十三年度九十六萬多元，五十四年度二十四萬多元，五十五年度七十九萬多元，五十五年度五十九萬多元。合計現在（五十七年一月一日）基金的財產，計爲八百六十三萬零六百五十八元九角三分，這是帳面上的數字，如果把土地房屋以及有些設備（如字鉛之類）的自然增値，重估加上，則事實上可以有一千萬元以上了。用佛家一句成語來誇大形容，眞成了「無一物中無盡藏」，難怪有些人看着要垂涎了。

本報經常的收支賬目，完全遵循成本會計處理，且有董事會聘請的名會計師涂芳輝先生，依照會計法的規定，負責監督；每一年度的結算明細書，也都提經董事會審查通過，呈報省政府核備，絕不會有像曾君所誣指的「巧設名目，分贓分光」的可能。至於本報由教育部國語推行委員會吳稚暉主任委員與在臺各委員爲維持本報的生存，不使夭折而聯名聘請的董事會起，雖爲適應環境，而一再演變，終於組織成爲財團法人，使此遵奉國策，推行國語教育的社會事業，經營所得，必須用於本事業，任何人不得分享其盈餘，也不至受到機關、人事的影響，可以永遠生存下去，成爲誰也不能據爲私有的公益法人，「如此這般」，何能誣指爲化公爲私？由公家創始的公益事業，改組爲財團法人，使其便於永久存在，免受機構精簡或政策改變的影響的實例，並不難舉；像農復會爲輔導農民而辦的豐年雜誌，內容切實，收效很大，後爲經費所限，恐難繼續，也把包袱丟掉，將原有的設備作價捐出，成立財團法人，獨立經營，結果成績更佳，不但可以自給自足，而且前途更現光明。本報事同一律，有何可以責備之處？

現在曾君指摘本報各節，已經不是普通的文字官司，而成了法律問題，弟爲國語日報社的社長，豈能坐視不理？爲辨黑白而正是非，保持社會公道和同仁名譽起見，弟和曾湘石君，必須同到法院去一辨眞僞，如果本社同仁確像曾君所說，有盜竊國家財產、化公爲私等行爲，則有關同仁均願接受瀆職罪和貪污罪的處分；如曾君所指摘者屬於揑詞誣衊，亦應擔負誹謗的刑責。「好漢作事好漢當」，弟行不更名，坐不改姓，請先生轉告曾君：洪炎秋臺灣省彰化縣人，男性，年六十七歲，職業教育，住臺北市和平東路一段一八三巷七弄二號；亦請先生將曾湘石君的眞姓實名、籍貫、性別、年歲、職業住所，明白告弟，因爲這是自訴狀上需要寫明的項目。弟知道先生創辦中華雜誌的目的，在於彰善癉惡，以培植民族正氣與社會公理，只以貴誌登過曾君誹謗本社的文章，而且已涉及法律範圍，先生是發行人，自有責任將實情相告。俗語說得好：「名譽是第二生命」，既係有關多數人的名譽，也就可以說是性命交關的大事，自非弄個水落石出不可，古人說：「山鷄愛羽毛」，區區苦衷，唯先生諒之。此蓋因爲曾湘石君信口開河，惡意誹謗，歪曲附會，任意罵人，却自己不敢露面，以躲避刑責，而讓中華雜誌替他散布誹謗謠言，代他擔當「麻煩」，其行可惡，其心可誅。現在有些人希望國語日報替他們去打中華雜誌，另有些人却要利用中華雜誌替他們來打國語日報；「麻煩」是別人去受的，自己却可以躲在暗地裏作壁上觀，稱心遂意，拍手稱快。孟子說：「君子可欺以其方，難罔以非其道」，先生賢明，弟相信是不會落在他們的圈套中的。

記得北平某次堂會，貴賓照例點戲，有個軍閥點了一齣「關雲長大戰尉遲恭」，這是大帥所點，戲班自然是要照唱不誤的。當紅臉的關雲長和黑臉的尉遲恭上場正要交鋒的時候，黑臉的就大唱起來，質問紅臉的說：『我在唐朝你在漢，你打我來爲那般。』紅臉的也就唱着回答他說：『人叫咱打咱就打，咱們不打誰管飯！』紅臉的和黑臉的所以對打，爲的是「飯」，如果咱們哥兒倆聽人擺佈，對打起來，那麽，大家到底爲的是那般呢？附供一笑，順頌撰綏弟洪炎秋拜啓五十七年四月二日

（五十七年四月「中華雜誌」）

我和國語日報

法國的文學家標豐說：「文如其人」，我們可以把它擴大爲：「報如其人」。因爲一份報紙，也和一篇文章一樣，常常可以把主持人的性格，反映出來。不過本報是一個財團法人所經營的公益機構，不是社長個人的私營事業，社長上面有一個二十一位董事所組成的董事會，還有一位發行人，他們都是社長的上司，有指揮、命令的權力，這樣一張「九簍糖十一個頭家」（臺諺，指複雜難辨的事業）的報紙，叫它反映社長的性格，自然是難乎其難。雖然話是這麼說，不過社長總是一個首當其衝的直接負責人，報紙的作風，多少一定也會受他的性格所影響，何況他上面的董事們，像羅家倫、田培林、林語堂、齊鐵恨、游彌堅、林清輝……等，都是大家周知的正人君子；發行人何容現在是個最負責的名教授，以往則是一位一淸如水的標準公務員；我本人雖然玩世不恭，做人彆扭，看來不大順眼，却絕不會是個「歪哥仙」；在北平二十五年中所接觸的同學、同僚，在臺灣四十年中有關係的親戚、朋友，相信都敢爲我做證。這些董事、發行人和社長所主持的報紙，一定是一張正派的報紙；所創立的報社，一定是一個乾淨的報社，絕對經得起考驗。

意外得很，最近竟有一個化名「曾湘石」的傢伙，在二月號的中華雜誌，散布謠言，說我們「盜竊國家財產」，說我們「化公爲私」；我看過後，就寫一封更正的信給該雜誌發行人胡秋原先生，把本報成立的經過敍述一番，最後也把我的一段生活「坦白」出來，以供參考。胡先生認爲最後一段「與本題無關」，把它略去，而將其餘部分加上一個「國語日報總是化公爲公」的題目，在三月號該雜誌登載出；同時也登了曾湘石一篇「國語日報如何化公爲私」的文字，引用兩篇公文，歪曲解釋，指我們爲「梁黨」，「如此這般，梁黨私人便已又賺了一筆大錢」。說我們「每月所盈餘的數十萬元，由一個小集團來巧設名目，分贓分光」，侮辱誣衊，無所不至，我又寫了一封更正的信給胡秋原先生，四月號的中華雜誌，想會刊登出來的，請對這問題有興趣的人，準備六塊錢，到時候買去看看，當會明白。

美國幽默作家馬克吐溫說得好：「實話剛剛結好鞋帶，謠言已經在世界走了一周了。」現在是「性惡說」通行的時代，實話沒有人愛聽，而謠言却常常被信以爲眞的。不過我是本社的負責人，有義務出來闢謠，所以除了給中華雜誌寫了兩篇通信以外，再在本欄寫這一篇，幫助讀者對我和國語日報的了解，「信不信由你」；我工作很忙，沒有工夫去打無聊的筆墨官司，是非曲直，要跟誹謗者同到法律的面前，去請求裁判。曾湘石一直不敢露出眞名實姓，藏頭掩尾，躲在陰溝裏面，使用鬼蜮伎倆，含沙射影，施放暗箭，却要讓胡秋原先生替他頂缸，其行可惡，其心可誅！我已經着手準備要從陰溝裏面把他掏出，讓他在陽光底下亮亮相，顯出原形，再把他揪到法院，讓那裏的青天大老爺，替我們分個黑白，判個是非。我相信他是逃不了刑法第三百十條第二項「散布文字足以損毀他人名譽」和第三百十八條「曾任公務員之人，無故洩漏因職務知悉之秘密」的刑責，同時又犯了第五十六條「連續數行爲而犯同一之罪名可以加重其刑至二分之一」的罪嫌，所以爲維護同仁的名譽起見，我是非跟他一同去受國法的裁判不可的。

閑話休題，言歸正傳，現在要讓讀者了解本報，按次序自然非先了解主持本報的我不可了。我的爲人，已經在「又來廢話」的「代序」中，自己講得相當詳細，想知道的人，不妨花十四元向臺中中央書局去買一本看看，保管「値回書價」。如果讀後覺得受騙，把書寄給我，我賠你錢。如果不願冒這風險，那麼我就把胡秋原先生刪掉的信中最後一段，在明天補登，也可以窺見一鱗半爪了。

我那信中被刪掉的最後一段是這樣：

「秋原先生！公事交代完畢，咱們哥兒倆來稍爲聊聊閑天，大家輕輕鬆鬆，也使讀者輕輕鬆鬆，讓他們買了這本雜誌以後，不至於感到白花了錢。咱們哥兒倆雖然平素沒有來往，却也曾經同桌吃過酒席，有過一面之緣，可以說是遠超了神交之關係，自然可以披肝瀝膽，把一肚皮的痞積，向先生傾訴一番了。我是一個馳名全國的學府北京大學的畢業生，能說，能寫，肯賣力，敢擔戴的「臺灣佬」，七七事變後，「皇軍」開入北平，「北支軍」第二課長河野大佐就派了一個部屬，「三顧茅廬」，多方脅逼，要我出來協力，處理佔領區的文教事務，我雖然極力推辭，他却說這樣無法交差，最後只好跟他同到設在東長安街長安春飯店的第二課辦公處，親向河野課長面辭，同時「薦賢自代」，介紹了一個正在鑽縫覓隙，想到「漢」朝去活動的留日朋友給他，方纔得以擺脫麻煩。我在當時，就順便問他：滔滔者天下很多懂得日語的人，爲甚麼單單看上了我？他說：有個畢業高野山大學、曾在北京大學研究有年的吉井芳純，是北支軍的隨軍和尚，現在駐錫在南池子的風神廟，因爲吉井精通中國事情，所以他就向他請教。吉井說，他留學北大時，曾經辦過一個叫做「曼陀羅」的佛學月刊，時常託我翻譯，相知頗深，認爲是一個最可靠的「人格者」，所以十分希望我出來合作。幸而我有「賢」相代，不然，就難免要染上多少的「奸」氣；可見在當年强暴的日寇的威迫利誘之下，懂點日語的讀書人的處境，是怎樣困難了。

「事變以前，我在北平大學農學院教授日文，該校在戰爭爆發時，奉命內遷陝西城固，校長徐誦明見我有個纏着三寸金蓮、年已七十的老母親，不能追隨全校師生長途播遷，就任命我爲農學院留平財產保管委員，叫我留下，我就遵命淪陷了。淪陷期間，我全家老幼七口，過着八年耐窮忍苦的生活。勝利以後，幸得帶着一個清白的身體，於三十五年返回臺灣。因爲我離鄉過久，已經無家可歸，只好投奔好友連震東兄，寄食於他的家中。震東兄勸我辦理歸隊，改入仕途。我因爲書教慣了，就像俗語所說：「要了三日飯，給個皇帝也不幹」，仍舊從事教育，到臺中去當師範校長，沒有採納他的忠言；不然的話，以我這樣一個深通國情、從小就熟讀過李寶嘉的官場現形記，中年以後也約略懂得一點李宗吾的厚黑學的「臺灣佬」，憑着我的專門技術和特殊身份這兩件法寶，在宦海波濤中，游泳了這二十多年，到了今天，縱使不能像「我的朋友連震東」那樣，登上部長的寶座，總也可以敬陪「我的高足翁鈐」的末席，搶到一把廳長的金交椅坐坐，舒舒服服享受一番，不必像此刻現在，一直拖着望七之年的病軀，長坐落伍的三輪，時趕擁擠的公車了。

「『不聽好人言，災禍在眼前』，在臺中剛過半年，就不幸碰上二二八事變，有人向教育處報告，說我「鼓動暴動，陰謀叛國」，致被撤職，雖不查辦，也沒說「永不敍用」，却已頓時失業，一家老幼，只好全憑老妻教書爲生，爲平生第一次嘗到依靠「女人」，吃起「軟飯」的滋味，深感有失大丈夫男子漢的尊嚴，十分苦悶。這個時候，好友黃烈火兄由北平回來，準備在臺北車站前創設和泰貿易行，邀我合作，蔭我乾股，推我爲總經理，在臺北看守攤位，由他任副理，往來海外，貿遷有無，「有福同享，有苦同受」，將來成功，自然可以「大秤分魚肉，小秤分珠寶」了。我在當時對於烈火兄的好意，雖然非常感激，却覺得他要把我從第一位「士」的首座，往下扯拉，降爲第四位「商」的末席，未免委屈，於心不甘，又向他辭謝了；不然的話，經營至今，縱使不能像烈火兄那樣，成了千萬富翁，也可以向幾位追隨他的鄉友看齊，熬個百萬長者，可以「呼奴喚婢」，不必讓六十老伴，親操井臼，終日勞碌於浣衣煮飯，洗掃應對了。

就在我徬徨歧路的當兒，窗友何容要我當他國語推行委員會的副主任委員，「幫」他販賣國語膏藥。我在民國八年從表弟丁瑞魚學會了三十九個注音字母的妙用，曾經靠它陪同先父遊歷國內八省，不但能够通行無阻，而且可以替先父弄到不易入手的阿片煙膏，因之對它發生了很深的愛情，認爲是統一國語、團結民族唯一的工具。此次經了何容這一引誘，遂使我心甘情願，入他的「幫」，去「幫」他搖旗吶喊；這麽一來，遂至終身拔不起脚，落到「一事無成兩鬢斑」，不僅永遠獲不得求全之譽（吳稚暉先生百歲冥壽時，唐乃建秘書長說要提議給我們一個表彰，結果大家一忙，就忘掉了），反而時常遭遇到不虞之毀。秋原先生！您說冤枉不冤枉？牢騷一發，不可收拾，竟然一寫就是七八千字！這是得不到稿費的文字，「勤無功，戲有益，戒之哉，勿勉力」，還是讓我停下筆來，到公園去溜達溜達吧。」

上面那一段話，胡秋原先生說是「與本題無關」，所以把它刪掉，而我則認爲「大大有關」，因此又在這裏給它補上。孟子說過：「讀其書不知其人可乎？」一樣的道理，談其報不知其人，怎麼可以呢？不談國語日報則已，要談國語日報而不知道創辦者兼發行人的何容和參預者兼社長的洪炎秋的爲人，是不會談得好的。大家知道，世界上的人，大概可以分爲三種：第一種是光說話不做事的，第二種是只做事不說話的，第三種是也做事也說話的。何容屬於第二種人，他一生埋頭苦幹，一句話也不說，窩裏窩囊，所採取的處世哲學是「以德報怨」「惡聲至必忍之」，結果遭遇到的，乃是臺諺所謂「軟土深掘」，一直受盡窩心氣，仍然是一句話也不說，是個標準的爛好人。我沒有他天眞，比他難鬪，好而不爛，屬於第三種人；其爲人也，一面硜硜地做，要一直做到死；另一面則滔滔地說，也要一直說到死。我在家庭中，雖然有兄有弟，有姐有妹，由排行來說，屬於嫡出的中男；而在社會上和政治上，則無黨無派，無權無勢，應該算是一孤臣孽子，所以操心危而慮患深，比何容世故得多。

我看出這個時代是屬於詩經所說的「柔則茹之，剛則吐之」那樣的「欺軟怕硬」的世界，因此我所採取的處世哲學，是揉合着仲山甫的「柔亦不茹，剛亦不吐」和孔子的「以直報怨，以德報德」以及孟子的「惡聲至必反之」這三家的學說而成的。我又看出這個時代是屬於瘋狗猖獗的世界，所採取的是「狗不犯我，我不犯狗」的態度，只要「井水不犯河水」，牠吠牠的，我走我的，各行其是，兩不相涉；如果牠張牙舞爪要噬我一口，我就要發揮自衛的本能，不管牠是老瘋狗，少瘋狗，大瘋狗，小瘋狗，一律要回敬牠一記悶棍。我和何容同窗六載，相交四十五年，性情不同，態度互異，雖是「山河易改，本性難移」，誰對誰也不能發生絲毫的影響，幸而「知性可以同居」，我們倆在臺灣的國語運動中，一直合作無間，這二十二年來，辛酸同茹，甘苦共嘗，奇正相生，剛柔互濟，替這個新收回的省份，做了一些有益的工作。創立國語日報以後，倆人搭配起來，成了守衞報社山門的哼哈二將；遇到魑魅魍魎前來攪擾的時候，就讓何容這位哼將軍，先去和他們哼哼唧唧，應付一番，如果一直糾纏不清，無法招架，我這個哈將軍就得出來哈他一聲，有時也能夠把他們哈走，一柔一剛，多方適應，好不容易纔把這張經過無數風霜的教育報紙，保全下來。

「人」的性格已經介紹得差不多了，現在來談談「報」的來歷吧。國語日報原是教育部拿出一萬元金圓劵的開辦費，一架破舊的印刷機和一副殘缺不全的五號注音國字銅模創辦的，可是不到半年，開辦費賠光，瀕臨倒閉的時候，教育部國語推行委員會吳稚暉主任委員乃會同其他七位在臺的委員，對他們所主管的事業，施行他們的職權，代表教育部，聘請了十五位董事，組織一個國語日報董事會，把國語日報移交給它去設法繼續經營；這個時候，國語日報是由教育部這個公法人把它創辦的國語日報，移交給國語日報董事會這個私法人去接辦的。打個比喻來說，教育部兩個生身父母，因爲乳水不足，以致讓他們這一個親生的孩子，餓得快死了，乃把他交給董事會去收養，讓董事會去設法把他餵養救活，培植長大，所以董事會就成了國語日報的養父母了。省政府讓他們做了一批印刷買賣，幫忙救活；教育廳訂購他們的報紙分贈學校，幫忙鞠養；國語會出了人力，幫忙培植；這些行爲，好比親戚朋友，看到這個孩子挨餓的可憐相，有的送奶粉，有的送牛乳，有的送 baby-food，人情雖然很大，却不能因此出來主張親權，想把孩子抱走。我國民法規定：「養子女與養父母之關係，與婚生子女同。」又規定：養父母、養子女之一方，除非有惡意遺棄或其他重大事由時，本生父母不能要求其終止收養關係，回復本姓。準此以觀，就連產生它的教育部，也沒有權利要求收回自辦的。我們現在這二十一位董事，絕大多數是正人君子，何容雖然是個爛好人，我也是個好而不爛的人，「蓬生麻中，不扶自直」，我們這一批人，絕對不會做出違法、逆情、悖理的事情來。由此可見，我們擺的國語日報這個小攤子，是「關公賣豆腐，」貨雖軟而人却硬呢。

國語日報董事會收養了國語日報爲養子，愛護備至，撫養成人，無論任何人從中去挑撥鼓動，他的本生父母絕對沒有理由可以把他收回；這是法理上、人情上應有的結論，無須爭辯。不過，爲使讀者更加清楚起見，我現在舉出一個本生父母和養父母爭奪孩子的實例，來做襯托，似乎可以更加具體，更易理解。這兩家現在都在臺北居住，都有相當高的社會地位，孩子的生父和養父是郎舅，生母和養母是姑嫂，一時因爲爭奪孩子，鬧得很不開心，現在事過境遷，已經和好如初，孩子也被養父母送往美國留學，或許已經結婚生子，也未可知；如果說出他們的眞姓實名來，許多人是會認識的，只因事關私人家務，還是以不說明爲好。不過我可以說，一個是醫學博士，一個是大學教授，就用「某博士」和「某教授」來代表，也就可以不致纏夾不淸了。

話說有個臺灣籍的某博士和一個福建籍的某教授。三十年前同在厦門集美學校服務，倆人交情很好，就由朋友而成郎舅，某教授娶了某博士的妹妹做太太，後來生了一個女孩，送給某博士收爲養女，等到孩子三四歲時，某教授夫妻看見她長得又白又胖，旣聰明又活潑，十分後悔，提議要收回去，可是某博士夫妻對於這個小養女，也是視若掌珠，絕不放手，兩家因此吵鬧起來，某博士大怒說：「等到中國收回臺灣，我纔可以把孩子還給你們。」某博士說的是氣頭上的話，萬想不到中國收回臺灣，竟然及身看到，因此又惹了一番麻煩。

中日戰事發生，某博士全家移居南洋，某教授則追隨政府，退往後方，等到戰事結束，兩家都到臺灣來了。某教授看到那個已上中學的女孩，越發出挑得美人兒似的，動了親情，記起前話，就去要求某博士履行約言，某博士堅不讓步，因此打起好幾場官司，一直打到高等法院；審問的時候，某博士說：「我把這個孩子，疼痛得比親生的兒女還厲害，並沒有犯過民法一千零八十一條所列虐待、侮辱、遺棄、以及其他重大事由，憑甚麼要把孩子領回去？」某教授則說：「你說過：等到中國收回臺灣時，就可以把孩子還給我們。現在中國已經把臺灣收回了，依照民法第八十六條的規定：「表意人無欲爲其意思表示所拘束之意，而爲意思表示者，其意思表示不因之無效。」所以孩子應該還給我們。」倆人的主張，都有法律根據，裁判長就對他們說：「勸你們和解，你們都賭着氣不肯聽；叫我裁判，我也有點兒左右爲難。好在你們都很喜歡這個孩子，兩方家庭又都很好，孩子無論在那一家，都會過得快活幸福，你們又是至親，孩子這邊來，那邊住住，又有甚麼不可以？大家何必一直鬧這無謂的閒氣？不過話雖如此，總要有個結論。最近美國的生活雜誌，連載着德國一件案子，情形跟你們一模一樣，最後裁判官只好叫孩子到堂上來，讓孩子自己選擇，案子纔得了結。聽說這件案子已經編成電影，不久也許可以到這裏來放映的。現在我打算如法炮製，你們以爲怎樣？」兩造面面相覷，也覺得除了這樣處理，沒有別的更好的辦法，就都答應了。審判長叫人馬上把小姐傳來，說明來由，叫她願意在養家照舊待下去，就走到養父這邊來；願意回生父家去，就走到生父那邊去。結果這個小姐和德國的那個養子一樣，考慮了後，終於走到養父這邊來了。大家沒有話說，案子就這樣了結。風聞現在有人正在興風作浪，要設法去拱國語日報的生父母出來找麻煩，我覺得他的生父母是個識大體的人，而且孩子很多，是不會受人利用的；就是出來了，也沒有充分的理由；就是有充分的理由，叫孩子去選擇，我相信孩子準會走到從小就爲他抓屎抓尿，把他撫養成人，愛護他達二十個年頭的養父這邊來的。

那麽，國語日報的養父董事會，是怎麽樣找出來的呢？這是因爲國語日報籌備人領到了開辦費以後，卽於三十七年七月着手籌備。滿以爲北平國語小報的器材馬上可以搬到，經常費和人事費也可以逐月支領，就拿這樣的遠景去做計劃。哪兒知道除了一架破舊的印刷機以外，其餘全都落空，到了年底，把開辦費全部賠光，只能靠賒欠來勉强掙扎，已經到了非關門不可的境地了。大家沒有辦法，就跑去向吳稚暉老先生告急，吳先生叫大家把它當做一個社會事業去辦理，因此就想到組織一個董事會來接辦，這個董事會要以從事國語運動的專家爲主體，配以部分本省籍的，在社會上能發生作用、財經界能周轉得開的文化人爲輔佐，因此決定由教育部國語推行委員中聘請汪怡、傅斯年、齊鐵恨、王玉川、何容等五名，由臺灣省國語推行委員中聘請方師鐸、李劍南、祁致賢、王壽康、梁容若等五名，再由臺灣省文化界中聘請黃純青、游彌堅、杜聰明、李萬居、洪炎秋等五名爲董事，在開始時的董事會，是由這十五名構成的。傅斯年去世後，經議決補聘羅家倫、田培林、和黃啓瑞三位補充董事，計十七名。黃純青先生是省參議員，又是一位相當有錢的詩人；游彌堅先生是卸任市長，當時爲省教育會理事長；杜聰明先生是臺大醫學院長兼省醫師公會理事長；李萬居先生是省參議會副議長兼新生報社長；自己都有房地等不動產，有資格替報社做銀行的保證人。我自己雖然沒有財產，却有一些有錢的朋友，肯買我的面子，爲我做保，例如蓋福州街大樓時，須向銀行通融二百多萬元，墊充建築費，黃烈火先生信得過我，就拋我做保，把錢如數借到，所以我這一席，也能發生作用，使這一座在自由中國三十家報社中，第一座自蓋的樓房，如期完成。

這個報的董事會所以要以國語專家爲中心，爲的是防止將來只留下「報」而丟掉了「國語」；所以不肯讓私人投資或向私人捐款，爲的是怕被出錢的人把報整個拿走，像後來李萬居先生的公論報所遭遇的那樣，所以只請了一些對國語運動有理解，肯協力，沒有野心而有些資產的文化人士來幫忙。吳稚暉諸先生的這一番周到的安排，居然達到理想，二十年來的國語日報一直是一張爲推行國語而辦的報，絲毫沒有變質；這些董事也一直是公而忘私，出勞力，出信譽，冒風險，使這個業已破產的報社，變成擁有千萬基金的財團法人，絕不把它「化公爲私」；因爲財團法人所賺的盈餘，依照法律規定，誰也不能沾染，一定要全部滾入基金；就是有了非解散不可的一天，剩餘的財產，誰也不能分潤，一定要悉數繳交國庫。吳稚暉先生在天之靈，看到這個結果，一定會拈鬚微笑，自詡他把這個快要餓死的孩子，送養得人呢。

董事會的情形，大家可以得到一個概觀了，現在再把報社的組織和業務，順便向大家坦白一番。我們報社，「麻雀雖小，五臟俱全」，是由發行人、社長、和副社長綜其大綱，下面設有編輯部、經理部、出版部、和會計室。編輯部設有編輯和採訪兩組；經理部設有總務、發行、財務、印刷和廣告五組；出版部設有編譯和營業兩組；各組下面，視其必要，可再分課。我們的報紙由編輯部編輯，由經理部發行，全省各地方設有分銷處一百零八處，代銷的郵局也有六十三局，至於全部的銷售份數呢？慚愧得很，旺月只有四萬數千份，淡月不過三萬數千份，全年平均，每日約為四萬份出頭；不過每份報的讀者，比別的報多，家裏有它，則上自老爺，下至女傭，都要看它一下；教室有它，看的人就很多了，所以平均總在五人以上，換句話說，每天有二十多萬人，通過我們的報紙，接受我們國語教育的薰陶。出版部鑒於優良的兒童讀物的缺乏，近年來努力供應，前後已經出版了二百六十本書，這整整二百六十本書，假定由官廳來編輯，不知道要花費國庫多少萬金；所以我們做的事業，積極方面是替國家辦理教育，消極方面可替公庫節省開支，是值得各方愛護的。

滔滔一說，就說個沒有完，恐怕讀者厭煩，只好就此結束，在結束前，我要公開表明我的態度：我對現在所從事的這個事業，認為是對國家、對民族很有貢獻的工作，因此「愛不忍釋」，決心「終身以之」；孟子說：「自反而不縮（不直，沒道理），雖褐寬博（穿不合身的壞衣服），我不惴焉（不敢去嚇唬他）；自反而縮，雖千萬人吾往矣。」我認為自己很站得往，所以誰要打我的興頭，澆我的冷水，想要破壞這個事業，誣衊這一批人，我是要用他的矛去攻他的盾，學他的伎倆，跟他「鬬爭」；以他們的手段，戴他的帽子；用他的口吻，說他「為匪鋪路」，要在這裏替共匪剷除中華文化的基礎，破壞團結國家、民族的工作；這麼一來，豈不「罪莫大焉」？豈不也叫他「吃不了，兜着走」？眞結束了，謝謝大家。（五十七年四月「國語日報」）